aruco

東京で楽しむ
北欧

aruco TOKYO × SCANDINAVIA

こんどの休日も、いつもと同じ、お決まりコース？

「みんな行くみたいだから」
「なんだか人気ありそうだから」
とりあえず押さえとこ。
でも、ホントにそれだけで、いいのかな？

やっと取れたお休みだもん。
どうせなら、いつもとはちょっと違う、
とっておきの1日にしたくない？

©Moomin Characters™

『aruco』は、そんなあなたの
「プチぼうけん」ごころを応援します！

◆ 女子スタッフ内でヒミツにしておきたかったマル秘スポットや穴場のお店を、思い切って、もりもり紹介しちゃいます！

◆ 行かなきゃやっぱり後悔するテッパン名所 etc. は、みんなより一枚ウワテの楽しみ方を教えちゃいます！

◆ 「東京でこんなコトしてきたんだよ♪」
トモダチに自慢できる体験がいっぱいです。

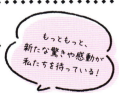

もっともっと、新たな驚きや感動が私たちを待っている！

さあ、"東京で楽しむ北欧"を見つけに
プチぼうけんに出かけよう！

arucoには、あなたのプチぼうけんをサポートする
ミニ情報をいっぱいちりばめてあります。

arucoスタッフの独自調査による
おすすめや本音コメントもたっぷ
り紹介しています。

楽しい季節のイベントや、おうち
時間を充実させるお役立ち情報も
お届けします！

知っておくと理解が深まる情報、
アドバイス etc. をわかりやすくカン
タンにまとめてあります。

右ページのはみだしには編集部か
ら、左ページのはみだしには旅好
き女子の皆さんからのクチコミネ
タを掲載しています。

表参道ショッピング　TOTAL 4時間

オススメ時間 12:00〜18:00
予算 アイテムによる

注目ショップが連続する！
大型店は大通り沿い、小さなブランド
ショップは表参道から一歩入った路地に
店舗がある。ショップはほとんどが
11:00前後のオープン。半日たっぷりと
時間をとって訪れるのがおすすめ。

プチぼうけんプランには、予算や
所要時間の目安、アドバイスなど
をわかりやすくまとめています。

■発行後の情報の更新と訂正について
発行後に変更された掲載情報は、「地球の
歩き方」ホームページ「更新・訂正情報」
で可能な限り案内しています（ホテル、
レストラン料金の変更などは除く）。旅行
の前にお役立てください。
URL book.arukikata.co.jp/support/

物件データのマーク

- 🏠 ……住所
- 📞 ……電話番号
- 🕐 ……営業時間、開館時間
- 休 ……定休日
- 料 ……料金、予算
- 予 ……予約の必要性
- 交 ……交通アクセス
- URL ……ウェブサイトアドレス
- ✉ ……E-Mail アドレス

MAPのおもなマーク

- ★ ……見どころ
- R ……レストラン＆バー
- C ……カフェ
- S ……ショップ
- H ……ホテル

本書は2021年5〜9月の取材に基づいていますが、記載の営業時間と定休日は通常時のものです。
特記がない限り、掲載料金は消費税込みの総額表示です。
新型コロナウイルス感染症対策の影響で、営業時間、臨時休業、仕入れの状況などが、大きく変わ
ることがありますので、最新情報は各施設のウェブサイトやSNS等でご確認ください。
また掲載情報による損失などの責任を弊社は負いかねますのでご了承ください。

東京で北欧をプチぼうけん！
ねえねえ、どこ行く？なにする？

東京には北欧を感じられる
スポットがいっぱい！
北欧 LOVER もナットクの体験を
ピックアップ♡
ビビッときたものには
ハナマル印をつけておいて！

最旬の北欧ブランドは
表参道でハンティング！　**P.14**

©Moomin Characters™

本国フィンランドでも話題！
ムーミンのテーマパークではしゃぐ☆　**P.20**

北欧っ子に欠かせない
サウナで疲れを吹っ飛ばす！　**P.26**

どっぷり北欧気分に浸れちゃう
これは絶対やりたい！ 食べたい！ ゲットしたい！

料理にスポーツ、手芸まで！
北欧カルチャーに興味津々
P.38

レアなお宝が潜んでるかも！？
1点物のビンテージと出合う
P.46

どれも楽しそうで迷っちゃう！

アイテムもフードも充実な
都市型店舗のイケアがアツイ！
P.50

乙女心をくすぐる
バルト雑貨のかわいさにハマる
P.68

北欧の自然を味覚で感じる
伝統料理に舌鼓♪
P.72

センスのいい北欧カフェで
フィーカタイムしよ♡
P.80

一度食べたらクセになる
北欧パンに夢中！
P.84

©(2021)Moomin Characters/R&B

東京から飛び出して
週末トリップへおでかけ
P.104

5

Contents

aruco 東京で楽しむ北欧

- 8 北欧を感じる！ 東京かんたんエリアナビ
- 10 東京で楽しむ北欧 aruco的 究極プラン

13 東京でもおうちでも！ 北欧気分に浸れるプチぼうけん♪

- 14 ①注目ブランドが続々オープン！ 表参道で最旬☆北欧デザインさんぽ
- 20 ②そこはまるでフィンランド！ ムーミンバレーパークとメッツァビレッジを楽しみ尽くす
- 26 ③セルフロウリュでリフレッシュ！ フィンランドサウナでととのう
- 30 ④大人も夢中になっちゃう♡ レゴ®ストアの魅力に迫る
- 32 ⑤かわいい100％のおとぎの国！ アンデルセン公園でデンマークさんぽ
- 34 ⑥ステイホームでクッキング かんたんおいしい北欧料理にトライ！
- 36 ⑦北欧風なおしゃれ図書館 武蔵野プレイスに潜入！
- 38 ⑧おうち時間でもできる！ 北欧ねんどアクセ作りにチャレンジ☆
- 42 ⑨北欧ビンテージが充実！ ミナ ペルホネンの世界へ

45 暮らしを豊かに♪ タイムレスな北欧デザイン大集合

- 46 レアなお宝に出合える!? 憧れの北欧ビンテージ
- 50 都市型イケア3店舗徹底調査！
- 54 aruco調査隊① シチュエーション別 かわいくて使えるリサ・ラーソンをGET
- 56 日本でも買えちゃいます！ 北欧ブランドの直営店
- 60 じっくり向き合いたいアイテムばかり！ おしゃれなセレクトショップへGO☆
- 62 これであなたも北欧通！ 北欧デザイナー図鑑
- 64 デザイン性も機能性もGood！ 北欧アウトドアスタイルでお出かけ
- 66 日本語でオーダーできちゃう！ 現地から北欧をお取り寄せ
- 68 隣国だって負けてません！ キュートなバルト雑貨にひとめぼれ♡

71 🍴 じんわりおいしい北欧発祥グルメをいただきまーす！

72 本場並みのハイレベル揃い！ 東京で味わう北欧料理
76 イケア食材をアレンジして Let's おうちパーティ♪
78 クラフトビールで乾杯☆北欧発のビアバーへ
80 北欧のカフェタイムを楽しめる 絶対行きたいカフェセレクション
84 北欧を代表するパンが勢揃い！ 4ヵ国ベーカリー対決
86 aruco調査隊② マスターすれば北欧っ子になれる!? シナモンロールを極めよう
88 かわいくておいしい♡ ムーミンカフェ＆ベーカリー

91 📎 東京でかなう北欧周遊!? テーマ＆エリア別おさんぽプラン

92 キュン♡な雑貨揃いの青山〜裏原宿をてくてく
94 インテリアの街目黒でお気に入りの北欧家具を探す
96 下町に潜む北欧カルチャー！ 寄り道も楽しい谷根千さんぽ
98 暮らすように歩きたい吉祥寺で普段使いの "北欧" を見っけ！
100 こだわりのお店が大集合！ 注目の国立で雑貨屋巡り

103 📷 東京近郊 1泊2日 のんびり過ごす週末北欧TRIP☆

104 北欧化計画進行中！ 飯能・日高
108 自然との近さが北欧らしい 鎌倉・湘南
112 東京から飛び出して自然いっぱいの北欧ビレッジへ

114 北欧カルチャーを深掘り！ おすすめ映画＆本をPick Up
116 もっと北欧を楽しむお役立ち情報

MAP
118 東京広域
120 東京中心部
122 原宿・表参道・渋谷／飯能／船橋
124 荻窪〜武蔵境／谷根千／
　　 鎌倉中心／横浜・湘南・鎌倉
126 インデックス

aruco column

70 『私たちの密かなお気に入りはコレ！』

90 スウェーデンの紅茶と
　 お菓子でフィーカタイム♪

102 北欧4ヵ国クイックNavi

北欧を感じる！ 東京かんたんエリアナビ

北欧がテーマの飲食店やショップが続々オープンしている東京なら、
4ヵ国を一気に楽しめちゃう☆出かける前にエリアマップを見て、サクッと予習しよう！

注目エリア check!

定番ブランドが密集！
原宿・表参道・渋谷 P.14,92

トレンドの発信拠点となるエリアには、マリメッコ (P.56) やイッタラ (P.18) などの人気ブランドが大集合。お店をハシゴしてショッピングクルーズを楽しもう！

一生モノの家具と出会える街
目黒 P.94

インテリアの街と呼ばれる目黒には、ビンテージの家具店が点在している。上級者のおしゃれさんが集まるエリアなので、センスのよいカフェも多い。

Area Navi

個性的なショップ揃い
吉祥寺 P.98

活気のある商店街や自然豊かな公園が魅力。街歩きを楽しみつつ、たくさんのお店の中から自分好みのショップを見つけてみよう！

すてきな雑貨が見つかる
国立 P.100

大学や住宅街の閑静なイメージが強い国立。実は雑貨の街と呼ばれているほど、心躍る雑貨店がたくさん！隠れた名店を探しに行こう♪

東京のエントランス
東京駅・銀座

東京の中心とあって、ロイヤルコペンハーゲン (P.59) など主要なブランドが固まっている。カフェやビアバーも見逃せない！

下町の北欧を探しに
谷根千 P.96

古きよき日本の風景が残る谷根千は、知られざる北欧のお店がある隠れエリア。カフェやレストランバー、雑貨店に本屋さんまで揃っている。

 Check Point

お役立ち Travel Tips

JR・地下鉄・私鉄以外の交通手段もチェック！

近い場所の移動ならタクシーも便利。初乗りは420円（約1kmまで）。都営バスは主要エリアをくまなく網羅。23区内は均一運賃で大人210円先払い。

外でショッピングもできる！お得な「のりかえ」術とは？

東京メトロの改札を出て別の東京メトロの線路に乗り換える場合、都心の一部の駅では60分まで外出可能！ ただしきっぷの場合はオレンジ色の「のりかえ専用改札機」を使うこと。

本当にお得なきっぷ Best3

鉄道での移動に使える9種類ほどのお得なきっぷのなかでも、おすすめなのがこちら！

Best 1 東京メトロ・都営地下鉄 共通一日乗車券 ¥900

東京メトロの初乗り170円を6回、都営地下鉄なら初乗り180円を5回利用すれば元が取れる！

都心部の観光の移動にいちばん便利な地下鉄（東京メトロと都営地下鉄）が一日乗り放題のきっぷ。当日券は自動券売機で買える。

Best 2 都区内パス ¥760

JRの初乗りは140円。
東京～西荻窪の往復で元が取れる！

東京23区内のJR普通列車（快速含む）の普通車自由席が一日乗り放題に。23区外のエリアを訪れる場合は、乗り越し精算に注意を。

Best 3 東京メトロ24時間券 ¥600

東京メトロの初乗りは170円。
4回利用すれば元が取れる！

東京メトロが使用開始から24時間乗り放題に。沿線施設で割引などがある「ちかとく」（URL chikatoku.enjoytokyo.jp）を「東京メトロ・都営地下鉄 共通一日乗車券」と同様に利用可。

※ICカードときっぷでは運賃が異なります。

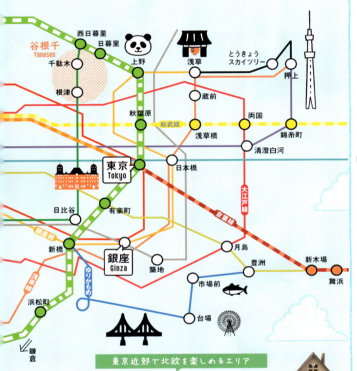

東京近郊で北欧を楽しめるエリア

北欧化が止まらない！
飯能・日高 P.104

埼玉県の南西部に位置する。ムーミンバレーパーク（P.20）をはじめ、サウナ施設や公園など北欧にまつわるスポットがたくさん！

© (2021) Moomin Characters/R&B

スローな海の街
鎌倉・湘南 P.108

都内からの移住者も多いエリア。北欧のようにスローなひとときを満喫できるカフェやショップとともに、自然豊かな景色に癒やされよう。

東京で楽しむ北欧 aruco的 究極プラン

何でも揃っている東京だからこそ、「北欧」気分な休日が過ごせちゃう！
ショッピング、グルメ、体験の3つに分けたarucoおすすめのプランで
どっぷりと北欧に浸ってみて☆

Plan 01 ショッピングプラン
北欧の王道アイテムをGet！

センスのいい人＝北欧のアイテムを持っている、なんてイメージがあるぐらい、日本でも北欧ブランドが定着しつつある。王道アイテムをゲットして、おしゃれセンスを磨こう！

11:00 「Marimekko 表参道店」でウニッコ柄のアイテムを買う P.16,56

気分があがるかわいい商品がたくさん！

徒歩約5分

12:00 「Artek Tokyo Store」で憧れのスツールをカスタマイズ P.17

その場で仕立てます

徒歩約10分

13:00 「haluta tokyo」でビンテージグッズをゲット P.93

一点物を本気買い！

徒歩約20分

13:45 「Nicolai Bergmann Nomu」でランチ P.74

徒歩約5分

14:30 「イッタラ表参道 ストア＆カフェ」で定番を手に入れる P.18

徒歩約20分

15:30 「TONKACHI,6」でリサ・ラーソンの作品にうっとり♪ P.54,70

電車約35分

16:35 「MOOMIN SHOP 二子玉川店」のムーミングッズにキュン♡ P.58

©Moomin Characters™

10

Plan 02

国ごとに個性さまざま！
グルメ満喫プラン

北欧料理は、まだまだ日本での知名度は低いけれど東京には絶品のコーヒーを提供するカフェや、本格的な北欧パンを味わえるベーカリーなど隠れた名店が潜んでいる。

10:30 「FUGLEN TOKYO」で朝カフェ P.81

おいしくな〜れ！

徒歩 約15分

11:30 「IKEA渋谷」の北欧フードを買う P.52

徒歩 約10分

12:40 「Pain au Sourire」の北欧パンを味わう P.84

定番の北欧パンが揃ってます

徒歩 約20分

13:30 「SNS CAFÉ TOKYO」でランチを満喫 P.80,87

がっつりミートーボール！

電車 約25分

14:40 「Fika」でフィーカ用のお菓子をゲット P.90

電車 約25分

15:40 「ロバーツコーヒー麻布十番店」のシナモンロールでひと休み P.81,87

甘さひかえめで美味♡

電車 約20分

17:00 「レストラン ストックホルム」で北欧料理を堪能 P.72

電車 約20分

19:00 「ØL Tokyo」と「Mikkeller Tokyo」のクラフトビールで乾杯！ P.78,79

Plan 03

もっと北欧を身近に感じる！
北欧体験プラン

建築や文学、スポーツまでをぎゅっと詰め込んだプラン。空前の大ブーム、フィンランド発祥のサウナで心と体をととのえて、北欧料理を作れば立派な北欧通になれちゃうかも！？

マニアックな本がずらり！

11:00「武蔵野プレイス」の
アアルトっぽい建築を楽しむ P.36

美しい空間に酔いしれる〜

15:00「ひるねこBOOKS」で本の世界に浸る P.97

電車約30分

16:00「KOIVE CAFE」でカフェタイム＆モルックに挑戦！ P.41,75

電車約15分

電車約20分

12:00「ALLT GOTT」でランチタイム＆
「吉祥寺」さんぽ

P.73

スウェーデン＆ノルウェー料理をいただきます！

17:30「サウナラボ神田」でリフレッシュ☆ P.28

汗をかいてスッキリ！

P.98

19:30 おうちで「北欧の伝統料理」を作る

P.34

簡単に北欧の味が作れちゃう

電車約50分

12

パスポートは
いりません♪

東京でもおうちでも！
北欧気分に浸れる
プチぼうけん♪

憧れの北欧ブランドショップ巡りから、本場さながらのサウナ体験や、
伝統料理作りに手芸レッスンまで、東京には北欧各国のカルチャーが凝縮！
少し足を延ばせば、ムーミンやアンデルセンにも会いに行けちゃう♡
さて、今日はどの国を旅しようかな？

LET'S GO!

プチ ぼうけん 1

注目ブランドが続々オープン！
表参道で最旬☆北欧デザインさんぽ

表参道に次々とオープンする北欧ブランドショップの最旬をチェック！ブランドのヒストリーやデザイナーも知っておけば、ショッピングはより楽しくなるはず！

表参道から少し入った場所にさまざまな店が点在

LAPUAN KANKURIT

ヘルシンキのアアルト自邸を思わせるデザイン

ヤコブセンの名作チェアも

表参道ショッピング

TOTAL 4時間

オススメ時間 12:00〜18:00
予算 アイテムによる

💡 注目ショップが連続する！
大型店は大通り沿い、小さなブランドショップは表参道から一歩入った路地に店舗がある。ショップはほとんどが11:00前後のオープン。半日たっぷりと時間をとって訪れるのがおすすめ。

原宿から青山にかけての「リトル北欧」ショッピング

JR原宿駅や明治神宮から伸びる表参道は、今も昔も変わらぬトレンドストリート！近年、北欧ブランドのショップが続々とオープンし話題になっている。

次どこ行く〜？

JR原宿駅

❶ IKEA原宿（→P.15）
2020年6月OPEN

明治神宮前駅　明治通り

❷ HAY TOKYO（→P.15）
2018年10月OPEN

かわいいテキスタイル

キャットストリート

❸ Marimekko 表参道店（→P.16）
2018年8月RENEWAL

表参道ヒルズ

❹ LAPUAN KANKURIT 表参道店（→P.16）
2019年10月OPEN

❺ Artek Tokyo Store（→P.17）
2019年4月OPEN

表参道

表参道駅

❻ イッタラ表参道 ストア＆カフェ（→P.18）
2021年2月OPEN

青山通り　外苑西通り

❼ FRITZ HANSEN TOKYO（→P.19）
2021年4月OPEN

14

1 IKEA原宿

都市型イケアの1号店

イケアハラジュク

DATAは→ P.53

JR原宿駅の目の前にある、都市型店舗イケアの第1号店。2フロアにわたってインテリアや雑貨がずらりと並ぶ。1階にあるスウェーデンコンビニと2階のスウェーデンカフェは要チェック！

徒歩7分

From スウェーデン

BRAND STORY

1943年にスウェーデンで創業。当初はカタログ通販業者だったが、1947年から格安家具の販売を開始。手ごろな価格とよいデザインを兼ね備えたアイテムは世界各地で人気となり、現在世界300店舗弱、日本で13店舗を展開している。

1. カフェスペースもおしゃれ　2. 複合施設WITH HARAJUKUの1・2階

表参道で最旬☆北欧デザインさんぽ

プチぼうけん 1

コペンハーゲン本店さながらのクールな雰囲気

 INTERIOR

定番のチェア、AAC 22（3万8500円）。全15色展開

屋内のほか屋外でも使えるポータブルランプ、PC PORTABLE。各1万7600円

縁にパイピングを施したOUTLINE CUSHION 各8140円

ストライプのフラワーベース、JUICE WIDE 2万900円

BRAND STORY

2002年にデンマークで創業した、北欧インテリアプロダクトブランド。「よいデザインをあらゆる人に」をモットーに、モダンなデザインの家具を良心的な価格で販売している。日本ではここが旗艦店となっている。

ハイセンスな家具とインテリア

HAY TOKYO

ヘイトウキョウ

From デンマーク

ファッション複合施設のGYRE（ジャイル）の地下1階にあるショップ。家具のほか生活を彩るアイテムを多数展開。大御所から新鋭までさまざまなデザイナーを起用し、ポップでオリジナリティあるデザインを生み出し続けている。

上部のハンドルを持って簡単に移動できるポータブルサイドテーブル、DLM 2万5300円

Map P.123-B3 原宿

⌂ 渋谷区神宮前5-10-1 GYRE B1F
☎ 03-6427-9173 ⏰ 11:00〜20:00 休 不定休 地下鉄明治神宮前〈原宿〉駅4番出口から徒歩3分

GOODS

幾何学的なプレートを組み合わせて使うこともできるトレイ、KALEIDO。2750円〜

小物類もかわいいものが揃っています！

カラフルでかわいいウォーターボトル、SOWDEN BOTTLE（0.35L）各6160円

15

徒歩2分

北欧を代表するテキスタイルブランド

Marimekko 表参道店

マリメッコ オモテサンドウテン

バッグなどファッション小物も充実

言わずと知れたテキスタイル＆ファッションブランド。表参道店は地下1階、地上2階の3フロアからなる旗艦店。マイヤ・イソラ・デザインのウニッコ柄をはじめとしたアイテムがずらり。日本限定のプロダクトも多数。

人気のウニッコ柄のアイテムも多数揃う

BRAND STORY
1951年にアルミ・ラティアにより創業。オリジナルのパターンのテキスタイルを次々と発表し世界で最も有名なフィンランドブランドのひとつとなっている。ファッション、ホーム、雑貨という3つの柱を基にさまざまなアイテムを販売。

DATAは→P.56

DESIGNER
マイヤ・イソラ→P.63

建物の横にブランドロゴが

徒歩5分

サウナハット 4400円

SAUNA

フィンランドでサウナに入る際に体をたたいて代謝を図るヴィヒタをディスプレイ

内装もナチュラルテイスト

サウナに入るときにお尻の下に敷くサウナシート。サウナに入る人々が描かれている。各2860円

BRAND STORY
フィンランドのテキスタイルブランドで、オリジナルパターンのリネンやコットンやウール製品を扱っている。ナチュラルなマテリアルとカラーリングのアイテムは、目にも体にも優しい。ポケットショールやタオルが特に有名。

From フィンランド

天然素材のテキスタイル

LAPUAN KANKURIT 表参道店

ラプアン カンクリ オモテサンドウテン

フィンランド西部に位置する小さな町、ラプアに工場と本社を構える。100年以上の歴史があるが、ラプアン カンクリという名でテキスタイルを生産し始めたのは1973年から。現在も多くの製品をフィンランドの自社工場で織っている。

フィンランドらしい、シラカバ柄のトートバッグ 3850円

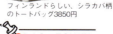
BAG & TOWEL

Map P.123-B3 原宿
渋谷区神宮前5-13-12 1F ☎03-6803-8210 ⏰12:00〜20:00 休火 地下鉄明治神宮前（原宿）駅7番出口から徒歩4分

リネン100%のバスタオル 各8800円

ハンドタオル。左3080円、右3190円

OTHERS

湯たんぽ 各6930円

花や草の柄のハンカチ 各1870円

クッションカバー 各8800円

シーズン限定のアイテムもあります

注目！
シナモンロールの日
店舗では、毎月さまざまなイベントを開催。月1回催される「シナモンロールの日」には、東京の有名カフェやベーカリーのシナモンロールを限定販売している。

16

前面ガラス張りの店舗。地下1階には生活シーンごとの家具が並ぶ

かわいくしてね

スツール60のオーダーにトライ！

表参道で最旬☆北欧デザインさんぽ

1 座面の色を選ぶ
ビビッドからナチュラルまで全20色ほどから好きな色を選ぼう

2 脚の色を組み合わせる
カラバリは全5色。1本ずつ違う色にすることも可能

好みのカラーをチョイスして

料金はカラーなどにより変わり、3〜4万円くらい

3 座面と脚を合わせる
選んだ色を組み合わせてもらい、バランスを確認できる

徒歩2分

5

アアルトデザインの家具がずらり

Artek Tokyo Store

From フィンランド

アルテック トウキョウ ストア

Map **P.123-B3** 原宿

📍渋谷区神宮前5-9-20 ☎03-6427-6615 🕐11:00〜20:00 休火 🚇地下鉄表参道駅A1番出口から徒歩4分

巨匠アルヴァ・アアルトの家具販売を手がけるアルテックのフラッグシップストア。2フロアに広がり、地下にはアアルトをはじめとするアルテックのチェアがずらり。1階は雑貨がメインで、スツール60のオーダーコーナーもある。

DESIGNER
アルヴァ・アアルト→P.63

お持ち帰り！
決まったらコンパクトなボックスに入れてもらって持ち帰れる

ONE CHAIR IS ENOUGH

CHAIR
アルテックをはじめグループ企業であるヴィトラなどのチェアがずらりと並ぶ。写真映えも抜群のスペース。

地下の壁面にはブランドチェアが一堂に会する

LAMP
地下にはアアルトがデザインしたランプの全モデルが。アアルトのビンテージ家具を扱うスペースもある。

A330S ペンダント ゴールデンベル 5万3900円〜

A331 ペンダント ビーハイブ 13万900円〜

A338 ペンダント ビルベリー 5万3900円〜

A110 ペンダント 手榴弾 5万3900円〜

A333 ペンダント カブ 7万3700円

GOODS

ショップ限定！Artek Tokyoオープン2周年を記念した小皿3190円

RIVIパターンのスモールポーチ 各4180円

BRAND STORY
1935年、アアルト夫妻をはじめとする4人の創業者により設立。社名は「アート（芸術）」と「テクノロジー（技術）」を組み合わせた造語で、ブランドの理念となっている。現代の暮らしのなかにあっても色褪せないデザイン家具を販売。

ポストカードセット2310円。ボードなどに飾るのも◎

アアルトのテキスタイルパターン、SIENAのトレイ4950円とポーチ4180円

17

建築家、隈研吾
による内装

木をふんだんに使った内装はフィンランドの森からインスピレーションを得たもの

BRAND STORY

1881年に、フィンランドのイッタラ村で創業。人々の暮らしを豊かにすることを理念にかかげ、世代を超え受け継がれるタイムレスなデザインを追求している。アラビアはヘルシンキ郊外のアラビア地区で1873年に誕生した陶磁器ブランド。

From フィンランド

イッタラ＆アラビアの旗艦店

イッタラ表参道 ストア&カフェ

徒歩6分

イッタラオモテサンドウ ストア＆カフェ

フィンランドのデザインブランド、イッタラのストア。美しさと機能性を両立するデザインは、世界中で愛されている。ブランド定番のテーブルウェア、インテリアアイテムがすべて揃うほか、アラビアのアイテムもある。世界初となるカフェを併設。

Map P.123-C3 原宿
渋谷区神宮前5-46-7 GEMS 青山クロス1F ☎03-5774-0051 ⏰11:00～20:00 不定休 地下鉄表参道駅B2番出口から徒歩4分

iittala イッタラ

創業時はガラス製品のみを生産していたが、現在は陶磁器も扱う。どれもデザイン界の名品ばかりが揃っている。

Teema ティーマ
1952年から続くベストセラー。シンプルで飽きのこないデザインはどんな料理にもマッチ

DESIGNER
カイ・フランク→P.63

Origo オリゴ
ぽってりとしたフォルムに、マルチボーダー。ボウルはお茶碗として使うのもおすすめ

DESIGNER
アルフレッド・ハベリ

Alvar Aalto Collection
アルヴァ・アアルト コレクション ベース

湖やオーロラを思わせる揺らめくフォルムのベース（花瓶）。アアルトの代表作

DESIGNER
アルヴァ・アアルト→P.63

Kastehelmi カステヘルミ
植物につく朝霧の滴をイメージ。プレートやタンブラーなどバリエーション豊富

DESIGNER
オイバ・トイッカ→P.63

Frutta フルッタ
1968年に発表され、近年復刻。ベリーやフルーツがモチーフ

日本限定品
ミナ ペルホネン（→P.42）とのコラボ商品。上記店舗のほかオンラインショップ、ミナ ペルホネンで購入できる。

ARABIA アラビア

ムーミンシリーズのほか、さまざまな食器を展開。絵柄もカラフルで、食事の時間が楽しくなりそう。

24h Avec アベック
24時間いつでも使えるのが由来。アベックのパターンは映画「かもめ食堂」にも登場

DESIGNER
ヘイッキ・オルボラ、カティ・トゥオミネン＝ニーットゥラ

Moomin ムーミン
ムーミンが描かれたマグ。さまざまなキャラクターのバリエーションがある

©Moomin Characters™

Paratiisi パラティッシ
フィンランド語で「楽園」。華やかな果物や花がデザインされたボウルやプレート

DESIGNER
ビルガー・カイピアイネン

Sunnuntai スンヌンタイ
パラティッシの誕生50周年を記念して復刻。ビンテージ市場でも人気のデザイン

世界初!

イッタラのカフェでひと休み

イッタラのショップに併設した、世界初となるイッタラのカフェ。スタイリッシュでおしゃれな店内で、フィンランド料理やスイーツを味わいながら休憩できる。食器やカトラリーは、もちろんイッタラのものを使用している。

カルダモンの効いた生地でジャムと生クリームをサンドしたラスキアイスブッラ 770円。コーヒー 715円

サーモンスープ ライ麦ミックスパン付き 1320円

壁面にイッタラの製品が飾られている

季節のスイーツもあります

表参道で最旬☆北欧デザインさんぽ

プチぼうけん 1

FRITZ HANSEN

DESIGNER
アルネ・ヤコブセン→P.62

建物は隈研吾のデザイン

どれもヤコブセンデザインの傑作

セブンチェア　アリンコチェア　スワンチェア

徒歩15分

BRAND STORY

1872年に創業したデンマークの家具ブランド。ヤコブセンをはじめ一流デザイナーと次々とコラボレーションし、数々の名作を世に送り出した。現在では新鋭のデザイナーたちとの新しいコレクションも展開している。

なんでも聞いてくださいね

7

デンマークデザインの殿堂

FRITZ HANSEN TOKYO

From デンマーク

フリッツ・ハンセン トウキョウ

デンマークデザインの巨匠、アルネ・ヤコブセンやポール・ケアホルムの家具を扱う。内部は一見オフィスやギャラリーのようにも思えるが、置かれているものはすべて商品。生活のなかでどのように使うのかがわかって興味深い。

Map P.123-B4 青山

港区南青山2-27-14
03-3400-3107
11:00〜19:00　無休
地下鉄外苑前駅1a番出口から徒歩3分

すべての家具が購入可能

まるでギャラリーのようなレイアウト

19

プチ ぼうけん 2

そこはまるでフィンランド！
ムーミンバレーパークとメッツァビレッジを楽しみ尽くす

飯能市宮沢湖のほとりにある、ムーミンバレーパークとメッツァビレッジは、森と湖に囲まれた、究極のフィンランドスポット。楽しみ方のポイントを大公開！

MOOMIN VALLEY PARK

フィンランドからやってきたムーミンたちのテーマパーク

ムーミン屋敷や水浴び小屋、スナフキンのテントなど、物語の世界を体験できるテーマパークは、本国フィンランドを除いて日本だけ。愛らしいムーミンの世界を満喫しよう！

ムーミンたちに会える
ムーミンバレーパーク・メッツァビレッジ
MOOMINVALLEY PARK・Metsä Village

フィンランド生まれのキャラクター「ムーミン」の物語世界を再現したムーミンバレーパークと、森と湖に流れる北欧時間を体験できるメッツァビレッジは、2019年オープン。飯能のフィンランドスポットとして一躍人気に。

ムーミンの世界に浸る
オススメ時間 10:00～17:00
TOTAL 1日
予算 8000円

1日たっぷり時間を取ろう！
テーマパーク＆商業施設は宮沢湖のほとりに広がるので余裕をもって楽しみたい。ムーミンバレーパークは時間を取ってゆっくり楽しみ、帰りにメッツァビレッジでお買い物コースがおすすめ。

Map P.122-A1 飯能
🏠埼玉県飯能市宮沢327-6 メッツァ ☎0570-03-1066
🕐10:00～17:00、土・日・祝～18:00 休不定休 料1デイパス（入園チケット+有料施設共通チケット）4200円、入園チケット2500円（ウェブサイトから購入すると1デイパス4000円、2300円）、その他有料アトラクションあり 交西武池袋線飯能駅北口1番乗り場から「メッツァ」行き直行バス、また「メッツァ経由武蔵高萩駅」行きで13分、メッツァ下車、徒歩すぐ

ムーミンについて知っておこう！

フィンランドの作家トーベ・ヤンソン（1914～2001年）によって生み出された物語シリーズ。主人公は、ムーミン族の男の子、ムーミントロール。小説とコミックス、絵本などがある。

1. ムーミン小説は全9作。深い眼差しで紡がれた傑作揃い 2. 新聞連載されていたコミックスも世界中で愛されている

木立の間を抜けるとムーミン屋敷がお出迎え！

ムーミンバレーパークの 4つのエリア

それぞれテーマが異なる4つのエリア。ポイントをおさえて上手に回ろう！

3 コケムスエリア KOKEMUS

物語の名場面の体感型展示や、作者トーベの人生を知ることができる施設コケムスがある。「コケムス」とはフィンランド語で体験という意味。

コケムスは、花を持ったムーミンの白い彫刻が目印！

4 おさびし山エリア YKSINÄISET VUORET

親子で楽しめるアスレチック、ヘムレンさんの遊園地や、スナフキンのテント、湖畔の灯台など、飯能の自然を満喫できる緑豊かなエリア。

森の中のアスレチックで、童心に返ってプチぼうけん！

プチぼうけん

ムーミンバレーパークとメッツァビレッジ

ムーミンバレーパーク MOOMINVALLEY PARK

ムーミンバレーパークエリアはここまで 一周できません

スナフキンのテント

天文台　ヘムレンさんの遊園地　ジップラインスタート地点　灯台

おさびし山エリア

季節によって変わる内部のかわいい小物もチェック！

休憩エリア　ストーリーの扉　トイレ　インフォメーション　ロッカー　券売機

メッツァビレッジ Metsä Village →P.25

海のオーケストラ号　受付　飛びおにのジップラインアドベンチャー

リトルミイのプレイスポット

ムーミン屋敷

ムーミン谷エリア

コケムス

コケムスエリア

エンマの劇場　水浴び小屋

カヌー乗り場　カヌー工房　カヌーレンタル受付　ノルディックスクエア　ノルディクス　インフォメーション　クラフトビブリオテック　メッツァホール（団体受付）グループカウンター　バス待合所　Welcome! メッツァティエ　メッツァ入口 P2

ファンモック受付　ファンモック　ジップライン折り返し地点　ムーミンバレーパーク入口 P1

パンケーキレストラン　はじまりの店　インフォメーション　チケットブース

① はじまりの入り江エリア　当日チケット販売場所

※入園にはチケットが必要です

上からミストが降ってくるよ！

2 ムーミン谷エリア MUUMILAAKSO

ムーミンの物語を再現したアトラクションやショップが集まるエリア。フォトジェニックな場所や人気スポットが多いので、まずはここから楽しむのも◎。

ムーミン屋敷
ムーミンたちが住むムーミン屋敷は、ムーミン谷のシンボル

「ニョロニョロの雷スプラッシュ」など、季節によって楽しい演出もあり見逃せない！

エンマの劇場
ムーミンたちが歌い踊るシアターは時間をチェックして鑑賞しよう

公演時間（約30分）
毎日
11:00/15:00/16:30

1 はじまりの入り江エリア POUKAMA

エントランスにあるのは、ムーミンたちのシルエットをくり抜いた本の形のウェルカムボード。パンケーキレストランや、グッズショップ「はじまりの店」もこのエリアにある。

本の形をしたウェルカムボードは人気のフォトスポット

注目！本の小口にも小さなキャラクターが隠れているので探してみて

21

aruco的 たっぷり1日モデルコース

パーク内には見どころがたくさん。気になる場所を回ってから、ショップでお買い物やカフェタイムも楽しもう。エンマの劇場はコースの合間に鑑賞するのがおすすめ。

ムーミン谷エリアから Start!

10:00 ムーミン屋敷 Muumitalo

ムーミンたちが暮らす家を、細部まで再現。ムーミントロールやリトルミイの部屋など、北欧らしいかわいいインテリアも見逃せない。

北欧各地で集めたビンテージの家具や小物は必見！

入場
入園チケットで地下1階・1階の入場可
1デイパス／有料施設共通チケットで全階に入場可

2～3階
2階にはムーミンパパとママの寝室が。愛らしいインテリアはママ好み？

注目！
寝室にはムーミンパパとママの思い出の写真も

1階
ムーミン一家の食卓には、ムーミンママお得意のパンケーキが。リトルミイ用の席はどこかな？

地下室＆庭

地下室と1階は自由に見学できる。地下室にはニョロニョロたちや、何やらあやしい影が？！

季節の花が美しい庭の片隅には、ムーミンパパが物思いに沈んだときに眺める水晶玉が

11:00 リトルミイのプレイスポット ＆リトルミイの店
Pikku Myyn leikkipaikka & Pikku Myy kauppa

いたずら大好きなリトルミイが、お客さんを巻き込んで大騒動！？

リトルミイと遊べる参加型シアター「リトルミイのプレイスポット」。向かいにはリトルミイがテーマのショップがある。

入場
1デイパス／有料施設共通チケット／リトルミイのプレイスポット1回チケット（700円）で体験可

リトルミイ好き必見のショップにはグッズがずらり

11:30 海のオーケストラ号 Merenhuiske

プロジェクションマッピングを使った立体感ある演出は、没入感最高！

小説『ムーミンパパの思い出』の物語がダイジェストで体験できるアニメーションシアターは、光や風の演出もすてき。

入場
1デイパス／有料施設共通チケット／海のオーケストラ号1回チケット（1000円）で体験可

ムーミンパパたちが作った海のオーケストラ号。マストにもご注目

22 © Moomin Characters ™

12:00 ヘムレンさんの遊園地 Hemulin leikkipaikka

絵本の中に出てくるようなツリーハウスがかわいい！

『ムーミン谷の仲間たち』の短編『静かなのが好きなヘムレンさん』をモチーフにしたアスレチックが見どころ。

12:15 天文台 Observatorio

『ムーミン谷の彗星』に登場する天文台は、ごつごつした岩の上に。おさびし山のどこにあるか、探してみよう！

ムーミントロール、スニフ、スナフキンのシルエットが映える

プチぼうけん1 ムーミンバレーパークとメッツァビレッジ

晴れた日にはこれもおすすめ！

風を切って宮沢湖の上をビューンと飛行する、人気のアトラクション。パークを空から眺めることができ、気分はすっかり飛行おに！

飛行おにのジップラインアドベンチャー Taikurin Seikkailupaikka

きもちぃ～！

飛行おにの宝物「ルビーの王さま」がどこかに見える……？

入場 飛行おにのジップラインアドベンチャー 1回チケット（1500円）で体験可

ジップラインは受付で装備して、おさびし山の頂上からスタート！

12:30 スナフキンのテント Nuuskamuikkusen teltta

テントに近づくとスナフキンの影や焚き火、ハーモニカの音が

自由と孤独を愛する旅人スナフキンのテントは、焚き火の跡とともに森の中にある。

12:45 灯台 Majakka

湖のそばにあり眺めもいい

『ムーミンパパ海へいく』で、ムーミン一家が移住した絶海の孤島の灯台を再現。湖畔の灯台は絵になる人気のフォトスポット。

ムーミンママが描いた壁のバラの絵も忠実に再現

はしごの上には、島の漁師が残した詩がスウェーデン語で書かれている

細かな仕掛けを探してみよう！

パーク内には、物語をより深く感じるための楽しい仕掛けがあちこちに！ こんなところにも注目してみて。

ストーリーの扉
キャラクターや建物についてオリジナルショートムービーで解説！

物語の場面再現
物語に登場するモチーフを立体再現！ 解説プレートと一緒に楽しんで

小説の名言
木のベンチには、小説の中の名言プレートが付けられている

キャラクターがあちこちに
パーク内に配された明かりに隠れキャラが潜んでる！

13:15 郵便 Posti

オリジナルのはがきやカードなどが揃う「Posti」はフィンランド語で郵便局という意味。

壁一面のカードはすべてここだけのオリジナル！

北欧らしい黄色のかわいい外観が目印

23

13:30 コケムス KOKEMUS

体験型展示室やレストラン、カフェ、ショップを備えた、パーク内最大の施設。午後はたっぷりここで楽しもう！

食堂&売店(1階)

ムーミン谷の食堂
Muumilaakso ruokala

「たのしいムーミン一家」で描かれた夜のパーティをモチーフにした「ムーミン谷の食堂」でランチタイム。物語にちなんだメニューが味わえる。

ここから回ろう！
体感展示(3階)

見学順路はエレベーターに乗って3階から。小説、絵本の名場面を再現した体感型展示で物語の世界へ迷い込もう！

注目！ムーミン像

コケムスの前にあるムーミン像は、フィンランドのタンペレにあるムーミン美術館の庭にあるムーミン像と同じ形♪

ムーミン谷の売店
Muumilaakso kauppa

世界最大級のフロア面積を誇る充実のショップ。かわいいグッズばかりでおみやげにも自分用にも何を買おうか迷うこと必至！限定アイテムも見逃せない。

絵本『ムーミン谷へのふしぎな旅』の再現コーナーは人気のフォトスポット

トーベの朗読を聴きながらムーミントロールと一緒に本の中を旅することができる

ムーミン谷のジオラマ(3階→2階)

お気に入りのキャラはどこにいるのか探してみよう！

吹き抜けにそびえる圧巻のジオラマは、15分で昼→夜と移り変わる

アウロラ 子ども病院の壁画
病気の子どもたちのために描かれた愛らしい壁画のレプリカが階段に

ギャラリー展示(2階)

ムーミンや作者トーベについてより深く知ることができる展示

企画展

2022年10月まで「ムーミンの食卓とコンヴィヴィアル展―食べること、共に生きること―」が開催

見逃さないで！
かわいいスイーツ&グッズ！

物語をモチーフにした、夢いっぱいの心躍るスイーツは、どれを食べるか迷っちゃう

ショップ&カフェ
Kauppa & kahvila

コケムス2階にあるカフェでは、フィンランドの陶器メーカー、アラビアのムーミンマグでコーヒーが飲める。

トゥーティッキの「青い帽子のシトラスタルト」650円

パンケーキレストラン
Lettula

ムーミンたちも大好きなパンケーキが味わえるレストランは、はじまりの入り江にある。軽食や季節限定メニューも。

フィンランドらしい森の恵みがたっぷりの「Very Berry Lettu」2300円

ムーミンハウス型の缶に入ったクッキーは定番の人気 1500円

怒ったムーミンの表情が絶妙！「アングリームーミン」3000円

ムーミンバレーパーク限定
人気アイテム Best5

ショップはコケムス1階と、はじまりの入り江エリアの2ヵ所にある

テキスタイルがかわいいがまぐち財布 2500円

ニョロニョロのクリップ付きぬいぐるみ 1980円

飛行おにの帽子から出てきた雲をイメージ「雲のコットンキャンディーパンケーキ」1800円

花かんむりをかぶったぬいぐるみ「フラワークラウン」各3000円

© Moomin Characters ™

Metsä Village

メッツァビレッジで フィンランド体験！

北欧雑貨のショップやカフェ、レストラン、カヌー工房などが集うメッツァビレッジで北欧時間を満喫しよう！

to do 01 カヌー＆木工体験

宮沢湖でカヌー体験ができる工房。木工ワークショップも合わせて実施。スウェーデンのダーラナホースなども作ることができる。

カヌー工房では、なんとカヌー作りも体験することができる

湖を優雅に進んでいくカヌー。森と湖の空気をいっぱいに感じられる

カヌー工房ソグベルク Sägverk
カヌーコウボウソグベルク
⏰10:00〜17:00（カヌー体験受付は〜16:00）￥1時間2000円

> ダーラナホースのペイント体験もできる。30分〜1時間、550〜1000円

プチぼうけん 2

to do 02 森のベリースムージーを味わう

ベリーのさわやかな酸味とアイスの甘味が絶品のリンゴ&ベリースムージー680円

北欧諸国では、ベリーは日々の生活に欠かせない食材。ビオキアでは、フィンランド産の無農薬、自然農法のベリーを使ったスムージーやジュースを味わえる。

biokia smoothie
ビオキアスムージー
⏰11:00〜13:00、土・日・祝〜19:00 ￥不定休

フィンランド産のドライベリーやベリーパウダーも

> 自然を全身で感じられる広場！

to do 03 アラビアのマグでひと休み

北欧らしい水色の建物は遠くからでも絵になる

イッタラ、アラビアなどを傘下に収めるフィスカースジャパンがプロデュースするコンセプトカフェ。北欧食器と一緒にスイーツやコーヒーが楽しめる。

Nordics
ノルディクス
⏰11:00〜18:00、土・日・祝〜19:00 ￥不定休

> 湖を見ながらコーヒータイム

アラビアのSunnuntai（スンヌイタイ）シリーズのグリーンのマグは日本限定色

to do 04 メイド・イン・フィンランドのおみやげをGet

フィンランドのブランドVALONAのピアス 5500円（左）、6380円（右） Ⓐ

ゴーストをモチーフにしたデンマークのオブジェ各2750円 Ⓑ

> 店内のインテリアもすてき！

フィンランドみやげの定番ファッツェルのチョコ各1680円 Ⓑ

マーケット棟2階は北欧雑貨天国。フィンランドを中心としたセレクトショップ「TRE」と、食器やお菓子も揃う「北欧雑貨 Noridic market」でお買い物！

Ⓐ **TRE** トレ
📞042-980-7797
⏰11:00〜18:00、土・日・祝〜19:00 ￥不定休

Ⓑ **北欧雑貨 Nordic market**
ホクオウザッカノルディックマーケット
⏰11:00〜18:00、土・日・祝〜19:00 ￥不定休

ムーミンバレーパークとメッツァビレッジ

25

プチ
ぼうけん
3

セルフロウリュでリフレッシュ！
フィンランドサウナでととのう

最近、日本でも大人気のサウナの発祥は、フィンランド！本場のサウナ事情を知れば、東京でのフィンランドサウナがより楽しくなるはず。女性が行きやすい東京のサウナもご案内。

撮影協力：サウナラボ神田（→P.28）

サウナストーンに水をかけて温度を調節

ラウラ・コピロウさん
フィンランド、ヘルシンキの隣町エスポー生まれ。高校・大学時代で日本に留学、その後日本のIT企業やヘルシンキのツアー会社を経て2018年からフィンランド大使館商務部へ。フィンランドのファッションやライフスタイルを伝えている。

ラウラさんに聞くフィンランドのサウナ

フィンランド大使館の商務部に勤めるラウラさん。幼いころからサウナに親しんできたラウラさんに、本場のフィンランドサウナについてインタビュー☆ サウナの基本や入り方もチェックして。

INTERVIEW

「ロウリュ」はサウナのためにある言葉

世界中で使われている「Sauna」はフィンランド語です。本場のサウナは必ずサウナストーンという熱された石が置いてあって、そこに水をかけて蒸気を発生させ部屋全体を温めます。最近日本でも聞かれるようになった「ロウリュ」とは、こうしたフィンランドにおける伝統的なサウナの入浴法のことを指します。自分で温度を調節できるというのがポイントで、誰でも自由に水をかけていいんです。石に水をかけたときに上がる「ジュワー」という蒸気の音も、私は大好きです。こうしたフィンランドのサウナ文化は、2020年にユネスコの世界無形遺産にも登録されました。

サウナがある日本が大好きです！

とことんリラックスするのがラウラさん流

フィンランドでは、サウナに入るマナーはあっても、細かいルールはありません。時間や回数、過ごし方だってさまざまで、人の数だけルールがあるなんていわれます。私の場合は、ひとりで入って静かに過ごす派です。サウナって、自分らしくいられる空間なんです。毎日パソコンとにらめっこしながらデスクワークしていてイライラしていても、サウナから上がるとまあ、どうでもいいやって気分になります。あと、お気に入りのクリームやシートなんかを持ち込んで、自分なりの空間を作るようにします。サウナにルールはないんです。皆さんそれぞれ好きな入り方を見つけてください。

日本とフィンランドのサウナの違い

日本に来た時、サウナのある国だってわかって、とてもうれしかったのを覚えています。フィンランド人にとってのサウナは、日本のお風呂や銭湯、温泉と同じ感覚。出会ってすぐに裸の付き合いができるというのも、日本とフィンランドくらいではないでしょうか？ フィンランドと日本のサウナでいちばん違うのは温度です。フィンランドでは適温とされるのがだいたい65℃で、そこにロウリュで温度を上げてコントロールするんですね。あと、水風呂もないですね。サウナハットもあまりかぶりません。こうした日本独自のサウナ文化は、フィンランド人にとって新鮮でおもしろいです。

私は毎日サウナに入ります

フィンランド式サウナの入り方

ルールはないけれど、基本的なマナーを守って
サウナ入浴を楽しもう

1
着替えてシャワーを浴びる。フィンランド人は基本裸。混浴の場合は水着OK。

2
いざサウナへ。ロウリュに水をかける場合はほかの人にひと声かけよう

3
フィンランドでは、サウナはだんらんの場。ただしあまり大きな声で話すのは避けよう

4
サウナから出て、リラックススペースでクールダウン。日本だと水風呂

5
②〜④を繰り返し楽しんだら、最後はシャワーで汗を流して終了！

ラウラさんおすすめのサウナグッズ

ラウラさんに教えてもらった、お気に入りのサウナグッズはこちら

ラウラ's voice
白樺の香りに癒されます

フィンランドのサウナグッズを販売するフッカデザインHUKKA DESIGNのサウナストーン。サウナラボ神田で購入可（サウナのビッグスマイル3080円）

フィンランドのコスメブランド、オスミアOSMIAのシャンプー（左）とコンディショナー（右）。サウナラボ神田でも購入可（シャンプー3080円、コンディショナー3300円）

ラウラ's voice
フィンランドの自宅ではこれを使っていました

LAPUAN KANKURIT（→P.16）のハンドタオル

リネンなので、使うほどに馴染みます

ラウラ's voice
サウナストーンとしても利用できます

フッカデザインのマッサージストーン6種類。サウナラボ神田で購入可（各3000円）

サスティナブルなアパレルブランド「PURE WASTE」

リサイクルコットンを利用した衣料品を扱うピュア ウェイストPURE WASTE。綿栽培に利用される水を削減し、地球にやさしいエコな服作りをしている。Tシャツ1枚3520円とリーズナブル。取り扱い店はウェブサイトでチェック
URL ourearthproject.jp/products/list?category_id=10

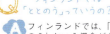

Tシャツの裏にどのくらいの水を節約できたかをプリントしている

デニム素材のトートなどもある

フィンランドサウナQ&A

日本のサウナとはちょっと違うフィンランドのサウナ。Q&Aで疑問を解決！

Q フィンランド人にとってのサウナとは？

A 生活の一部で、なくてはならないもの。フィンランドの人口約550万人に対して約300万ものサウナがあるといわれる。1日の疲れを癒やしたり、家族や仲間とのだんらんの場でもあるのだ。

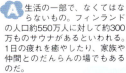

Q ヴィヒタって何？

A 白樺の若い枝を束ねたもの。これで体を打ちつけることによって代謝を促す。フィンランドサウナの伝統のひとつ。ただし高価なので日常ではあまり使われなくなってきている。

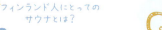

Q サウナに入るときのマナーは？

A 日本の銭湯や温泉とほぼ同じ。サウナに入る前に体を洗うことや、中で大声を出して騒がないこと、アルコールの大量摂取後は控えることなど、当たり前のことばかり。

Q フィンランドでは「ととのう」っていうの？

A フィンランドでは、「ととのう」という概念がない。もし同じような意味の言葉を探すとしたら、「Hyvät löylyt！（よいサウナ浴でした！）」。こちらは日常的によく使われる。

フィンランドサウナでととのう

東京で楽しめる
フィンランド式サウナ3 select

都内にあるフィンランド式サウナの中でも、特におすすめの3ヵ所はこちら。どこも女性向けのサービスや施設が充実しているので安心。おしゃれサウナからソロサウナ、温泉付きと個性もいろいろ。

フィンランドサウナに入る TOTAL 1時間

- オススメ時間 18:00～20:00
- 予算 2700円～

1日の疲れを癒そう
サウナのゴールデンタイムは、夕方以降。汗をたっぷりと流しデトックスして明日へと備えよう。なお、現地フィンランドでは朝サウナも人気がある。

サウナラボ神田
サウナラボカンダ

- サウナの数：5
- 利用時間：90分
- 料金：2700円

本格的なフィンランドサウナを体験するならここ。サウナは男女別で各2種類、65℃前後と本場さながらの中温多湿サウナが楽しめる。「ヴィヒタマウンテン」は男女共用で、サウナ着のままくつろぐ人も。水曜には男女が逆になる。

Map P.121-A3 神田

- 千代田区神田錦町3-9 ☎なし（予約はウェブサイトから [URL]saunalab.jp/kanda）
- 11:00～21:00 無休
- 地下鉄神保町駅A9番出口から徒歩5分

1階がショップ&カフェ、地下がサウナになっている

おしゃれな本格フィンランド式サウナ

IKE サウナ
周囲に水が張ってあるIKE（池）サウナ。床がフラットな畳敷きになっており、よりリラックスできる

制限時間である90分で流れ落ちる巨大砂時計

フォレストサウナ
フィンランドの伝統的サウナを再現したフォレストサウナ。壁にはヴィヒタが飾られ、木の香りが漂う

これで準備はばっちり！

ロウリュもできます！

クールダウン&リラックススペース
サウナで暖まった後に利用したい、-20℃のアイスサウナ。室内にはトナカイの毛皮が飾られている

サウナの利用方法

1. 建物に入ったら階段を降りて下へ

ロッカーの鍵を渡します
2. 受付を済ませたら、簡単な説明を受ける

3. 木の香りが心地いい更衣室で着替える

2つのサウナの間にあるNKY（内気浴）。ハーブが植えられ、さわやかな香りに包まれる

4. サウナの前後にはシャワーを浴びる

5. サウナ後は共有スペースの「ヴィヒタマウンテン」でひと休み

6. サウナマーケットでおみやげ探し

かわいいサウナ着とタオル、シート、サウナハットを貸してもらえます

ソロサウナ tune
ソロサウナ チューン

日本では初となる完全個室のサウナ。館内には4つの個室サウナがあり、周りを気にすることなくサウナを楽しめ、自分のタイミングでセルフロウリュも。サウナ後は、併設されたカフェで食事やドリンクをとることもできる。

サウナの数：各部屋1
利用時間：
シングルルーム60分、80分
グループルーム80分
料金：シングルルーム
3800円（60分）、
4800円（80分）
グループルーム1万1140円

Map P.120-A2 神楽坂

新宿区天神町23-1 なし（予約はウェブサイトから）URL https://www.solosauna-tune.com/
8:50〜23:10、土・日・祝7:50〜23:25 不定休 地下鉄神楽坂駅2番出口から徒歩3分

ビルの1階にはカフェもある

女性専用のパウダールームもある

タオルのほかサウナハットも貸してもらえる

ひとりでととのうソロサウナ

フィンランドサウナでととのう

シングルルーム
ひとり用サウナ。横になってもOKのゆったりサイズ。音楽を聴いたりと思い思いの時間が過ごせる

グループルーム
3人まで利用できるグループルームが1室だけある。男女混合での利用は不可

個室サウナ、ベンチ、シャワーがコンパクトにまとめられている

Spa LaQua
スパ ラクーア

温泉やサウナが一緒になった大型スパ施設。5〜9階までの5フロアにわたって広がり、5〜6階は誰でも利用できるスパゾーン、8〜9階が18歳以上限定のヒーリング バーデになっている。

サウナの数：
スパゾーン3、
ヒーリングバーデ4
利用時間：エリアにより異なる
料金：2900〜3450円
（ヒーリング バーデは別途880円、深夜割増料金1980円あり）

Map P.120-A2 後楽園

文京区春日1-1-1 03-3817-4173
11:00〜翌9:00 無休（設備点検のため休業あり）地下鉄後楽園駅1・2番出口から徒歩3分

フィンランドサウナ ヤルヴィ
ウッディな内装のサウナで、室温は70℃。サウナストーンにアロマ水をかけて温度を調節できる

東京ドームシティ内の大型スパ

スパゾーン
天然温泉の露天風呂や内湯、シルキーバスなど。室温45℃のミストサウナ テルマーレも人気

南国リゾートを思わせるヒーリング バーデ

女性は3種類ある館内着から選べる。カフェやレストラン、エステもあり1日楽しめる

プチぼうけん

大人も夢中になっちゃう♡ レゴ®ストアの魅力に迫る

カラフルなブロックを自由自在に組み立てるレゴ®は、デンマーク生まれ。子供だけでなく、大人にとっても楽しいレゴ®ブロックをゲットしよう!

レゴ®ストアを楽しむ
TOTAL 1時間
オススメ時間 午前中
予算 1196円～

モザイクメーカーは事前予約を!
モザイクメーカーを希望するなら、ウェブサイトまたは店頭で予約をして、指定された時間に来店しよう。オリジナルフィギュアは事前予約不要。

大人もハマる レゴ®ストアの魅力☆

商品の購入だけでなく、自分で好きなパーツを選べるオリジナルレゴ®ミニフィギュア作りや、日本唯一のモザイクメーカーも楽しめちゃう!

横浜の風景をレゴ®ブロックで再現したモザイク画。横にはモザイクメーカーの機械が設置されている

いろんなレゴ®があって楽しい～!

デンマークのレゴランド®って?
レゴランド®は、本社があるユトランド半島のほぼ中央に位置するビルンの郊外にある。デンマークの街並みを再現したジオラマや乗り物アトラクションが楽しめる。

世界中で人気のレゴ®のブランドストア
レゴ®ストア
横浜ランドマークプラザ店
レゴ®ストア ヨコハマランドマークプラザテン

ブランド名はデンマーク語で「よく遊べ」を意味する"Leg Godt"が由来。レゴ®ストアでは、レゴ®ブロックの限定品の購入や自分の好きなブロック・パーツをカップに詰め放題できる「Pick a Brick」、大きなジオラマ展示などが楽しめる。

Map P.125-B4 横浜
🏠神奈川県横浜市西区みなとみらい2-2-1 ランドマークプラザ2F ☎045-670-0505 ⏰11:00～20:00 無休(施設に準ずる) 🚃横浜高速鉄道みなとみらい線みなとみらい駅クイーンズスクエア連絡口から徒歩3分

大人だけの来店も大歓迎です!

魅力 1 自分の名前入り! レゴ®キーホルダーをGET☆

レゴ®ブロックのキーホルダーに、ひらがな、カタカナ、アルファベットの文字と色を選んで名前を入れることができる。所要5～10分、1196円～。

CHECK! フィギュアのキーホルダーの足にくっつけるとさらにキュート!

LEGO and the LEGO logo are trademarks of the LEGO Group. © 2021 The LEGO Group.

魅力2 日本でここだけのモザイクメーカーで自分の顔がレゴ®に!

モザイクメーカーで撮影した顔写真を基にモザイクアートのキットが出てくる。50×50cmのプレートとブロックを使い、設計図に従って作成する。1万6297円。

1 予約 店頭かウェブサイトで事前に予約を。空きがあれば当日の予約もOK

2 来店 予約時間に来店し、先に支払いを済ませる。スタッフの案内で撮影ブースへ

レゴ®ブロックになっちゃった♪

プチぼうけん4 レゴ®ストアの魅力に迫る

3 撮影 顔が画面の枠内に収まるように、都度調整しながら3カット撮影する

4 写真をチョイス 気に入ったカットを選択し、コントラストを調整

完成 機械から設計図とレゴ®ブロックの箱が出てくるので受け取ろう

アイテムは季節によって変わるよ!

魅力3 ビルトアミニフィギュアでオリジナルフィギュアを作る!

頭、顔、体、足、アイテムの5つのパーツを選び、自分好みのミニフィギュアを作ることができる。3つセットで1598円。

デスクの上に置いてもキュート!

ポルシェ1万7978円。ボンネット、ドア、天井が開く

実物と同じように動かせるタイプライター2万3978円

永遠に枯れないストレリチア1万2978円

箱までリアルなadidasスーパースター 1万2978円

魅力4 インテリアにもなる!大人なレゴ®ブロックにハマる

近年、人気映画やアパレルブランドとコラボした、大人向けのレゴ®ブロックが続々登場!完成したあともインテリアとして楽しめると話題。

お台場のレゴランド®へ!
レゴ®の世界観を存分に体験できる、子供に大人気のアミューズメント施設。レゴ®のジオラマやアトラクションなどを楽しめる。大人だけの入場は不可。大人向けのイベントを開催する場合のみ大人だけの入場OK。

レゴランド®・ディスカバリー・センター東京
レゴランド・ディスカバリー・センタートウキョウ
Map P.121-C3 お台場
港区台場1-6-1デックス東京ビーチ アイランドモール3F ☎0800-100-5346 ⓉⒽ10:00~16:00(時期により変動)休火・水 ¥2500円(事前予約制)
ゆりかもめお台場海浜公園駅北口から徒歩2分

レゴ®ができる過程を学べるレゴ®ファクトリー

東京の名所を再現したジオラマが並ぶミニランド

アンデルセンおさんぽ

南ゲートからスタートし、メルヘンの丘ゾーンを回って花の城ゾーンへ。ショッピングやグルメスポットにも立ち寄ろう。

アンデルセン公園でデンマークさんぽ

1 南ゲート
Start!

デンマーク風建築の南ゲート

メルヘンの丘ゾーンに最も近い入口は南ゲート。バスの場合は西または北ゲート前に到着するので注意。

2 童話館

建物前にあるアンデルセン像

アンデルセンの人生や童話について学べる。資料展示のほかシアターもある。図書コーナーで童話の本も閲覧可能。

3 風車

高さ16.4mの風車は、公園のシンボル的存在。周辺には四季の花が咲き乱れ、とっても鮮やか！

内部に入ることもできる

モビールも種類豊富に揃う1100円～

デンマークの紅茶ブランド、A.C.パークスのオリジナルブレンド、アントパークブレンド1944円

4 農家

1800年代のデンマークの農家を再現。屋根は茅葺きで、壁は漆喰。内部には当時の農具や家具が展示されている。

デンマークの昔の生活を垣間見られる

メルヘンの丘ゾーン最大の建物

5 コミュニティーセンター

石畳の広場に建つ真っ赤な建物。内部はショップになっており、デンマーク直輸入のグッズやおみやげを販売している。

6 ハートのトピアリー

花の城ゾーンにあるハート形のトピアリー。季節の花に囲まれたハートがとってもキュート！ 人気の記念撮影スポット。

写真映えも抜群のスポット

ランチもデンマーク風！

メルヘンの丘ゾーンにあるレストランメルヘン（⏰11:00～閉園30分前）とボートハウスでは、それぞれデンマークゆかりのメニューが味わえる。ランチや軽食にぴったり。

アンデルセンドッグ 480円（ボートハウス）

デニッシュペストリー（メープル＆ラズベリー）320円（ボートハウス）

デンマーク風ハンバーグのフリッカデーラやスモーブロー（オープンサンド）がセットになったデンマークランチ900円（レストランメルヘン）

オーデンセの教会を模した休憩室、花の城レストハウス

南ゲート Goal!

ステイホームでクッキング
かんたんおいしい北欧料理にトライ！

スウェーデンのブルーベリーパイとフィンランドのサーモンスープをクッキング☆
先生直伝のレシピで、おうち時間をさらに楽しく過ごそう！

三田陽子さん
北欧ビンテージショップ「Fukuya」店主。2006年から北欧へ通い詰め、食べた料理やお菓子の作り方を調べては日本で再現。15年かけて作りあげた北欧料理のレシピをウェブサイト（URL）hokuogohan.fukuya20cmd.com）や電子書籍にて紹介。

レシピを教えてくれた人

三田さんの著書はこちら

『北欧のおやつとごはん』1、2
Kindle版 各380円

旅先で出合ったあの味を日本でも楽しむ

北欧の達人、三田さん監修のレシピで、スウェーデンの定番お菓子とフィンランドのソウルフードを再現！　手軽に作れるアイデア満載で、料理初心者だって簡単に作れちゃう！

定番のスープ＆スイーツ作り
TOTAL 1時間

オススメ時間 17:00〜18:00
予算 3000円〜

日本でも手に入る材料
材料は、日本のスーパーなどで簡単に手に入るものばかり。それなのに、現地そのものの味に仕上がる。北欧を知り尽くす三田さんのレシピにびっくり！

やさしく教えてくれました！

🇸🇪 **SWEDEN**

そぼろ状にした生地をたっぷりのブルーベリーにのせて焼く、スウェーデン風のパイ。三田さんがスウェーデン人の友人から教えてもらったレシピを日本風にアレンジしたもの。

調理時間の目安　1時間
冷凍ブルーベリーは事前に解凍してしっかりと水気を切る。直径18cmくらいの耐熱皿(パイ皿)を用意。

材料(4人分)

具	生地
ブルーベリー(冷凍) …300g	オートミール …50g
片栗粉 …小さじ2	小麦粉 …30g
グラニュー糖 …20g	グラニュー糖 …30g
	バター …50g

Lesson 01　スウェーデン風ブルーベリーパイ

1 ブルーベリー、片栗粉、グラニュー糖をよく混ぜ合わせる

2 生地の材料を合わせ、手やへらですべて混ぜ合わせる

3 耐熱皿にブルーベリーを広げ、生地を小さな塊にしながら上にのせる

手順はいたってシンプル！

4 200℃に予熱したオーブンで25〜30分ほど焼く

完成！

ホイップクリーム、カスタードソース、アイスクリームなどお好みのものを添えて食べよう

あっという間にできちゃった！

34

Lesson 02
フィンランドのサーモンスープ（ロヒケイット）

 FINLAND

フィンランド語で「ロヒ＝サーモン」、「ケイット＝スープ」。サーモンのほかたっぷりの野菜が入ったスープで、コンソメに加え生クリームを使うことでコクが出る。ディルは必須！

調理時間の目安 30分
サーモンは刺身用のさくが便利。ディルはやや手に入りにくいが、北欧風味にするのに欠かせない。

プチぼうけん♪ かんたんおいしい北欧料理にトライ！

おまけレシピ！

北欧の甘いライ麦パン

材料（容量800ccくらいのパウンド型）
- 強力粉 …… 40g
- 薄力粉 …… 50g
- ライ麦粉 …… 70g
- （粗挽き〜中挽き）
- ベーキングパウダー …… 小さじ1/2
- 重曹 …… 小さじ1
- フェンネル …… 小さじ1
- プレーンヨーグルト …… 200cc
- モラセスシロップ …… 大さじ3

作り方
1. 粉類をすべて混ぜ、ヨーグルトとモラセスシロップを加える
2. クッキングシートを敷いた型に生地を入れ、180℃に予熱したオーブンで40〜50分焼く
3. 型のまま10分冷ます。型から出して上下を返しラックの上で冷ます

材料（4人分）
- サーモン切り身 …… 400g
- ジャガイモ …… 4個（メークインなど煮崩れのしない種類）
- ニンジン …… 2本
- タマネギ …… 1個
- 水 …… 1リットル
- 生クリーム …… 200cc（動物性 脂肪分35%くらいのもの）
- バター …… 適量
- ディル …… 1パック
- 塩・白胡椒
- ローリエ
- 固形コンソメ

これで北欧の味に！

完成！
器に盛りつけて、バターを少し落とす。食べるときにライ麦パンを添える。

塩・白胡椒で味を調え、細かく切ったディルを振る

6

生クリームを加えて火を強め、沸いたらすぐに火を止める

5

1
タマネギをみじん切り、ジャガイモとニンジン、サーモンを大きめのひと口大に切る

ディルは枝から取り刻んでおきましょう

2
鍋にバターを溶かし、みじん切りにしたタマネギを炒める

3

沸騰したらコンソメとローリエを加える

4

タマネギ、ジャガイモとニンジン、水を加えて火にかけ15分ほどゆでる

サーモンを入れ、火が通るまで弱火でコトコトと5分くらい煮る

おいしくな〜れ♪

プチぼうけん 7

北欧風なおしゃれ図書館
武蔵野プレイスに潜入！

まるでアルヴァ・アアルトを彷彿とさせる、真っ白で曲線が特徴的な建物の正体は、なんと図書館！ コンセプトも北欧らしさ満載！

武蔵野プレイスに行く　TOTAL 1.5時間

 オススメ時間：平日の午前中
 予算：カフェ利用で540円〜

館内をセルフで見学
館内は自由に見学OK。エレベーターや階段の造りにも注目してみよう。ただし施設利用者の迷惑にならないよう静かに見学すること。内部の撮影はNG。1階のカフェは誰でも利用できる。

駅前のにぎやかな立地に建つ

地上から柔らかい光が差し込むB1Fのメインライブラリー

広場から見てもステキ♡

いびつな曲線が連続する興味深い階段

Musashino Place 武蔵野プレイス

マスコットキャラクターにもなっています！

建物の形を意識したオリジナルの椅子

交流が生まれる複合型図書館
武蔵野市立ひと・まち・情報 創造館
武蔵野プレイス
ムサシノシリツヒト・マチ・ジョウホウ ソウゾウカン ムサシノプレイス

駅前に建つ4階建ての図書館を含んだ複合機能施設。ひとつの活動を目的に来た利用者が、ほかの活動や情報に興味が湧くように、ひとつのフロアに複数の機能を備えている。

Map P.124-A1 武蔵境

▲武蔵野市境南町2-3-18 ☎0422-30-1905 ⓘ9:30〜22:00 休水（祝日の場合は翌平日）交JR・西武多摩川線武蔵境駅南口から徒歩すぐ

普通の図書館とココが違う！

フィンランドにある図書館Oodiオーディでは、本を借りるだけでなく多様な機能を持ち合わせているが、ここ武蔵野プレイスでも似たような取り組みを行っている。

外からでも館内の様子がわかるようガラス窓を多用している

子供用の椅子も北欧家具を採用！

こだわりの空間演出

館内にある机や椅子は、アルテックなど北欧の有名ブランドのものを使用。また、館内は通路や壁がなく、仕切りにはガラスを用いており、開放的な空間になっている。

お気に入りの空間を見つけてみよう

Floor guide

4F ワークテラス

ワーキングデスクとフォーラムを備えたフロア。ワーキングデスクには、3種類の椅子があり、すべてフリッツ・ハンセンのもの。予約制、有料。

3F ワークラウンジ

中央に設けられた市民活動エリアと、ガラスで区切られたスタディコーナーがある。市民活動に必要な情報提供や相談業務を行っている。

武蔵野プレイスに潜入！

2F コミュニケーションライブラリー

子供向けライブラリーを中心としたフロア。子連れの親に向けた、子育てや料理などの生活関連の本を集めたテーマライブラリーもある。

1F パークラウンジ

入口となる1階には、新聞や雑誌を読めるマガジンラウンジと本の貸し出しを行うゾーンがある。ギャラリーやカフェも併設している。

B1F メインライブラリー

約9万冊の本が並ぶ。さまざまな照明を駆使したこだわりの空間が広がる。フロアの四隅にある吹き抜けから自然光が降りそそぐ。

B2F ティーンズスタジオ

ライブラリーのほか、青少年専用スペースがある。満20歳以下が対象で無料で利用OK。ゲームや友達と遊ぶなど、若者の場として利用されている。

誰でも利用できるスタディコーナー

図書館をはじめ、生涯学習支援、市民活動支援、青少年活動支援の4つの機能の融合を目的としている。また、それらの機能のつながりを積極的にもたせることで、街の活性化を目指している。

2 4つの機能を持つ複合機能施設

3 本の持ち込みOK！な併設カフェ

無添加にこだわった手作りメニューが人気。栄養バランスを重視したフードメニューにデザート、アルコールも揃う。自家製デミグラスソースのきのこハンバーグプレート1100円もおすすめ。

1Fパークラウンジの中央にある

カフェ・フェルマータ
☎080-3447-3825
⏰9:30〜21:30
休水（祝日の場合は翌平日）

いちばん人気の自家製プリン540円。ドリンクセットは870円

彩り豊かな5種類の総菜が味わえる日替わりデリプレート1100円

プチ
ぼうけん
8

おうち時間でもできる！
北欧ねんどアクセ作りにチャレンジ☆

かわいい北欧風アクセサリーを自分でも作ってみたい！
フィンランドでデザインを学んだ佐藤玲奈先生と一緒に、
ねんどを使った手作り北欧アクセにいざチャレンジ☆

ワークショップで作ることができる作品。
ブローチが定番

アクセ作り体験
TOTAL 1.5時間

オススメ時間 土曜14:00〜16:30　予算 1500円〜

体験教室でも、おうちでも！
Atelier Pelto主催のワークショップの体験時間は、1時間30分程度。アクセサリー作りの材料は簡単に手に入るものばかりなので、ワークショップで作り方を学べば自宅でもできる。

佐藤先生のデビュー作、「小さな庭」という名のサラダ皿

教えてくれたのは
思ったより簡単にできますよ

佐藤 玲奈 先生
Atelier Pelto代表。日本の美大を卒業後、ヘルシンキのアアルト大学に留学しデザインを学ぶ。2012年Atelier Peltoをスタート。2013年から日本で活動。

現地デザイナー直伝！
ねんどアクセ作りワークショップ

フィンランドでデザイナーデビューした佐藤玲奈先生に学ぶ、ねんど細工のワークショップ。教室は、北欧デザインに囲まれたかわいいアトリエ。

著書
『はじめてのねんどアクセサリー』
誠文堂新光社／1430円

体験はここで

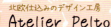

北欧仕込みのデザイン工房
Atelier Pelto
アトリエ・ペルト

ハンドメイドの陶磁器を制作するアトリエ。「Pelto」とはフィンランド語で畑のことで、自由なアイデアが育つようにとの思いが込められている。作品はメッツァビレッジのTRE（→P.25）や鎌倉のkröne-hus（→P.109）で販売。

Map P.118-C2　相模大野

📍神奈川県相模原市南区相模大野7-31-12　☎090-6491-3199　🚃小田急線相模大野駅南口から徒歩7分

ねんどアクセ作りワークショップ
時間 土曜14:00〜16:30
予約 メール(info@renasato.com)で3日前までに要予約
定員 5人（最小開催人数は3人）
料金 1人1500円〜

材料はこちら！

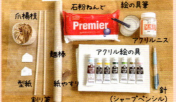

爪楊枝／石粉ねんど／絵の具筆／アクリルニス／麺棒／アクリル絵の具／型紙／紙やすり／割り箸／針（シャープペンシル）

このほか、ねんどが板や貼り付かないための透明シートまたは紙（コピー用紙など）があるといい

画材屋さんのほか通販でも簡単に入手できるものばかり

38

ねんどアクセ作りワークショップ
at Atelier Peltoの巻

北欧ねんどアクセ作りにチャレンジ☆

プチぼうけん

1 ねんどを捏ねて伸ばす
手でも麺棒でもOK

ねんどを少量とり、少し練って透明のシートやコピー用紙を敷いたねんど板の上に置き、厚さ4mmくらいに伸ばす。

2 型抜き
ポイント！

薄く伸ばしたねんどに型紙をあて、シャープペンシルに入れた針で慎重に切り取る。

型抜きのときは跡が残りやすいので、爪をたてないように注意して

これで形はばっちり！

GOOD!

家でやる場合はこの状態で重しをのせて2〜3日乾燥。

3 型押し

細かい作業〜

失敗してもいいので、リラックス

凹凸のある造形の場合、爪楊枝で型押しをする。今回作っている家だと、窓やドアの部分がそれにあたる。

4 絵付け

フォルムが完成したら、いよいよ色付け。アクリル絵の具を塗り、細かいところは爪楊枝などで調整する。

ポイント！

2色以上の色は薄い色から塗ります。輪郭から塗ると失敗しにくいです

数種類の絵の具を混ぜてもOK！

5 やすりがけ

絵の具まで削らないように

絵の具が乾くまで置いたら、軽くやすりがけをして形を整える。

ニス塗り

最後にコーティングのため、ニスを塗る。絵の具の発色もよくなる。

ポイント！

マニキュアのトップコートを塗るように、素早く均等に塗りましょう

さらっと塗ろう

6 完成！

こちらで完成！ 2〜3日置いてニスが完全に乾燥したら自宅まで送ってもらえる。

できたよ〜。あとは乾燥！

完成！

タッタラー♪

39

まだまだある！ 東京でできる北欧体験レッスン

フィンランドをはじめ北欧の文化体験が大集合！ ひとりで熱中できる刺繍から友達と楽しみたい注目スポーツまで、ユニークな体験ばかり。

Embroidery & Handicraft
北欧刺繍 & 手工芸

北欧には刺繍や編み物、木工など手工芸の文化が残っている。模様や柄は自然由来が多く、色合いも優しい。刺繍をメインに、さまざまな手工芸を体験できるふたつの教室をご紹介。

簡単なので、初心者でもOK

材料はいたってシンプル

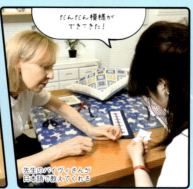

だんだん模様ができてきた！

先生のパイヴィさんが日本語で教えてくれる

完成

1時間くらいでここまでできた！

手芸クラブ

スオミ教会で毎月開催されているのが、手芸クラブという体験教室。先生は宣教師の妻のパイヴィさん。この日学んだのは、フィンランドのカレリア地方に伝わる伝統柄の刺繍。

時間 月1回不定期10:00〜 （スケジュールはウェブサイトのニュースブログ URL www.suomikyoukai.org で確認可能）
予約 メール（paivi.yoshimura@gmail.com）などで要事前予約
参加費 1000円〜

フィンランドのルター派の教会
日本福音ルーテル スオミ・キリスト教会
ニホンフクインルーテル スオミ・キリストキョウカイ

フィンランドの国教である福音ルター派の教会。「スオミ」とはフィンランドのこと。毎週日曜10:30か ら主日礼拝が行われているほか平日には一般開放もある（変更あり）。

Map P.120-A2 早稲田

🏠 新宿区早稲田鶴巻町 511-4-106 ☎03-6233-7109 ⏰一般開放 13:30〜15:00 土（手芸クラブの日を除く）、月 🚇地下鉄早稲田駅1番出口から徒歩4分

簡単な刺繍の基本を学ぶ

材料などもすべて用意してくれる

はじめての刺繍 体験レッスン

北欧の刺繍についての基礎が学べる1DAYレッスン。先生と一緒にくるみの殻をつかったピンクッションを作りながら、刺繍のいろはを教えてもらえる。柄も数種類から選べる。

時間 月2回不定期（スケジュールはウェブサイト URL www.hokuou-teshigoto.jp で確認可能）
予約 ウェブサイトから要事前予約
料金 3980円（材料費、テキスト代込み）

伝統刺繍を学ぶ
北欧手しごと教室
ホクオウテシゴトキョウシツ

編み物やオブジェ作りなど、北欧の手芸・クラフト教室を開催。体験レッスンから6回の講義で学ぶ北欧刺繍入門などレベルに応じて講義が選べる。オンラインも可能。

Map P.120-C1 代官山

🏠 渋谷区恵比寿西1-33-3 ☎03-6416-4338 ⏰問い合わせ11:00〜17:00 不定休 🚇東急東横線代官山駅東口から徒歩3分

東京でできる北欧体験レッスン

伝統料理作り

Scandinavian food

なじみのある食材を使って作るものが多い北欧の料理は、日本人の口にもぴったり。体験教室で基本を学べば、いつもの食卓でも気軽に取り入れることができる。

料理のほかお菓子などのレッスンも

料理クラブ

季節ごとの料理もありますよ

手芸クラブと同じスオミ教会が開催。ミートボールやマッシュポテトなどのフィンランドの家庭料理を中心に、ムンッキなどの菓子パンも作る。

- 時間 毎月第2土曜11:00～
- 予約 メール（paivi.yoshimura@gmail.com）などで要事前予約
- 参加費 1000～2000円

日本福音ルーテルスオミ・キリスト教会 → P.40

毎回10人程度まで受付している

Play Kantele

カンテレ演奏

フィンランドに伝わる民族叙事詩『カレワラ』にも登場するカンテレは、フィンランドを代表する民族楽器。5～40弦まで異なる数の弦があり、お腹に抱えたり、台に置いて演奏する。

カフェでカンテレを演奏できる

フィンランドの民族楽器、カンテレ

はじめて体験コース

最も一般的な5弦カンテレを使い、カンテレ奏者・指導者である桑島実穂さんに基本的な演奏法を学ぶ体験コース。ほか初級レッスンコースもある。

- 時間 2ヵ月に1回不定期11:00～12:45（スケジュールはフェイスブック@kielotieで確認可能）
- 予約 電話、メール（info@kielotie.com）で要事前予約
- 料金 2000円（コーヒー付き）

体験もできるフィンランドカフェ
kielotie キエロティエ

kielotieでは、フィンランドの文化に触れられるさまざまな体験会を開催。カンテレのほか、モルック、フィンランド語講座、北欧ライブも行っている。

カフェの地下にモルック場がある

- 時間 不定期開催
- 料金 無料

こちらがモルック。ルールも簡単

モルック体験

フィンランド発祥の人気スポーツ

スキットルという木製のピンに木棒（モルック）を投げ、50点ぴったりになった方が勝ち。世界大会もある注目の競技で、日本でも人気上昇中。

白樺のカフェでモルック
KOIVE CAFE コイヴ カフェ

カフェとコスメショップの地下がイベントスペースとなっており、不定期で誰でも気軽にチャレンジできるモルックのスタジオになる。モルックの体験イベントなども随時開催。

DATAは → P.75

Play Mölkky

DATAは → P.83

プチ
ぼうけん
9

北欧ビンテージが充実！
ミナ ペルホネンの世界へ

北欧好きの憧れ、ミナ ペルホネン！馬喰町にあるエラヴァは、ブランドと北欧のライフタイルが融合したショップ。北欧への愛とリスペクトを感じることができる。

楽しみ 01 北欧ビンテージに触れる

店内には、フィンランドやデンマーク、スウェーデンで買い付けた家具や食器がずらり。カラフルでかわいいというよりはビターでハイセンスな、状態のいいビンテージが並ぶ。

フィンランドブランドのほかデンマークのヤコブセンやウェグナーの家具もある

デザイナーの皆川さんが特に好きだというアラビアのヴァレンシア

古いビルを改装したこだわり満載の空間作り

東京の下町にある古いビルの一室に、ミナ ペルホネンのショップ、エラヴァⅡがある。内装は元の質感を生かしながらデザインされたすてき空間。デザイナーの皆川さんのセンスが光る店内で、お買い物を楽しめる。

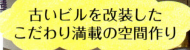

カイ・フランクなどイッタラのガラスも多数揃う

mina perhonen elävä Ⅱ

襟や裾に刺繍が施されたブラウス4万4000円

楽しみ 02 珠玉のアーカイブコレクションは必見！

エラヴァⅡで扱う洋服は、すべてミナ ペルホネンのアーカイブコレクション。時期に合わせた洋服が並んでいるので、いつ訪れても新しい出合いがあって楽しい！

花の刺繍が施されたドレス 6万3800円

蝶の柄のワンピース 6万8200円

手の跡が残るプリント柄のドレス 4万1800円

北欧ビンテージとミナの融合
minä perhonen elävä II
ミナ ペルホネン エラヴァ II

ミナ ペルホネンの直営ショップのひとつ。「エラヴァ」とはフィンランド語で「暮らし」を意味する言葉で、扱っているのは北欧ビンテージ家具や食器、オリジナルの生活雑貨＆アーカイブコレクション。

随所に北欧ビンテージのアイテムが配されている

Map P.121-A3　馬喰町
🏠千代田区東神田1-2-11 201号室 ☎03-6825-8037 ⏰11:00～19:00 休日 🚃JR馬喰町駅2番出口から徒歩2分

プチぼうけん

ミナ ペルホネンのエラヴァ

TOTAL 2時間

オススメ時間 12:00～16:00
予算 アイテムによる

馬喰町の店舗＆食堂へ
暮らしに着目した、ミナ ペルホネンの新形態ショップがエラヴァ。エラヴァ II のほか、すぐそばにあるpuukuu食堂、エラヴァ I にもぜひ寄ってみて！

ビルの2階に店舗が入っている

アアルト定番の69チェアをカスタム

ブランドオリジナルの地が選べる。エラヴァ II の限定も！

ミナ ペルホネンの世界へ

楽しみ 03
ビンテージ家具をオーダー

一部のビンテージ家具は、座面をオリジナルの張り地に変えることができる。北欧で使われていた家具は傷や変色などが見られるが、それがまた愛おしい。

元々あった床の傷も生かされている

「hana hane」パターンの靴下2860円

オリジナルパターンのトートバッグ。大は蝶の「hana hane」1万3200円、小は「ribbon bird」5500円と「page」4500円

定番の「tambourine」パターンのプレート。小3850円、大5500円

ポストカード各330円

オリジナルパターンのトレイ。左(小)3850円、右(大)6820円

Brand Story
デザイナーの皆川明さんが1995年に立ち上げたファッションブランド。名前は皆川さんのライフスタイルやカルチャーに共感するフィンランドの言葉で、ミナは私、ペルホネンは蝶。ハンドドローイングによるテキスタイルを基本としたアイテムを扱う。

楽しみ 04
お気に入りの小物を探す

ブランドオリジナルの食器や小物も販売。アイテムごとにさまざまなパターンから選ぶことができるので、お気に入りをじっくりと探そう。

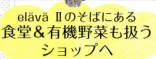

elävä IIのそばにある食堂&有機野菜も扱うショップへ

馬喰町には、エラヴァI、IIとpuukuu食堂の3店舗が集中している。互いに徒歩すぐという至近距離にあるので、3店舗合わせて回るのがいい。

時期によってメニューが変わる本日のカレー990円。こちらはベジカレー

木のぬくもりに包まれる店内

甘酒寒天とレーズンあんこ495円、蔵前の珈琲店、蕪木さんのコーヒー660円

こだわり食材のご飯
puukuu食堂
ブークーショクドウ

フィンランド語で「木」と「月」を意味する名前が付けられた食堂。食事は野菜たっぷりの日替わりのカレーやスープ、デザート、おつまみも楽しめる。窓には皆川さんの木のドローイングが描かれ、なんとも落ち着ける雰囲気。

ヤカンがオブジェに！

11:00〜14:00限定のランチコーヒーは330円。お得なコーヒーチケットもある

壁のタイルにはデザイナー皆川さん直筆のメッセージがある

Map P.121-A3 馬喰町
千代田区東神田1-2-11 202号室 ☎03-6820-8837 ◯11:00〜20:00（L.O.19:30）休日・月 ◯JR馬喰町駅2番出口から徒歩2分

食卓を彩る食材・食器
minä perhonen elävä I
ミナ ペルホネン エラヴァI

エラヴァIIから50m離れた場所にあるエラヴァIは、日本全国から集めた選りすぐりの食品やビンテージ&国内の作家ものの食器を販売するショップ。puukuu食堂で使われているものもある。2階はギャラリースペースとしても。

puukuu食堂オリジナルピクルス864円

1階がショップ、2階は企画展が催されることも

「run run run」のプレート3850円

Map P.121-A3 馬喰町
千代田区東神田1-3-9 ☎03-6825-3037 ◯11:00〜19:00 休日 ◯JR馬喰町駅2番出口から徒歩2分

ミナ ペルホネンの他店舗をチェック！

ライフスタイル全般のアイテムが揃う
call コール

青山スパイラルの5階にある。ファッションからインテリア、小物まで扱い、ライフスタイルをトータルコーディネートできる。オリジナルパターンが張られたドーム天井が特徴のカフェ「家と庭」を併設している。

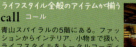
©Masahiro Sambe

Map P.123-C4 青山
港区南青山5-6-23 スパイラル5F ☎03-6825-3733 ◯11:00〜20:00（カフェL.O.19:30）休無休 ◯地下鉄表参道駅からB1番出口から徒歩すぐ

多彩なコレクションがずらり
minä perhonen Daikanyama
ミナ ペルホネン ダイカンヤマ

ミナ ペルホネンの最新コレクションが揃う。同じヒルサイドテラス内には、テキスタイル店の「マテリアーリ」、ニュートラルな服を扱う「ネウトラーリ」という異なるテーマの店が入っている。

©Manami Takahashi

Map P.120-C1 代官山
渋谷区猿楽町18-12 HILLSIDE TERRACE G棟1F ☎03-6826-3770 ◯11:00〜19:00 休無休 ◯東急東横線代官山駅東口から徒歩5分

暮らしを豊かに♪
タイムレスな
北欧デザイン大集合

冬が長く、家で過ごす時間の多い北欧の人たちは、
住空間やステイホームを快適にするスペシャリスト☆
おしゃれで実用的なインテリアや、鮮やかな食器類、心温まるオブジェなど、
お気に入りのアイテムを見つけて、おうち時間をハッピーに！

商品はすべて森さん自身がセレクトしたもの

デンマークのロイヤルコペンハーゲンや人気のイェンス・クイストゴーのプレート

フィンランド語で「猫が警戒中」と書かれたユニークな看板も（非売品）

仕入れの時の話なども聞かせてもらえる

レアなお宝に出合える!?
憧れの北欧ビンテージ

北欧デザインのアイテムを手に入れるなら、ビンテージショップへ行くのがいちばん！一度プロの目を通したものだから、品質は保障付き。めくるめく北欧デザインの世界へGo！

ナビゲーター
森 百合子さん
Shop Sticka店主。取材や仕入れで訪れた北欧のライフスタイルやデザイン、旅情報を本やウェブで伝えている。

ノルウェーの塩入れ

森さんに教わった 選び方の コツ！

森さんも愛用するスウェーデンのポット。店頭に並ぶこともある人気の品

著書

北欧5ヵ国のおすすめスポットやモデルプランなど、旅が楽しくなるアイデアやコツを紹介したガイドブック。
『いろはに北欧』学研プラス／1760円

長年、北欧の家を訪ねてきた森さんが自邸で実践している北欧インテリアを取り入れるアイデアを具体的に紹介。
『日本の住まいで楽しむ 北欧インテリアのベーシック』株式会社バイインターナショナル／1870円

① 刻印をチェック！
陶磁器は、裏に刻印があることが多く、メーカーや生産国、デザイナー名が記してある。製造年や品質が見分けられることも。

② テキスタイルを狙え！
部屋を手軽に北欧テイストに変えられるのがテキスタイル。テーブルに敷いたり、タペストリーみたいに壁に飾ったりと、使い方もいろいろ。

状態のいいものをセレクトしています

③ どう使うかをイメージ
盛り付ける料理により、プレートの種類を選ぼう。例えばスープやカレーなら皿の縁に飾りがあるタイプだと料理がひきたつ。

④ デザインをより気軽に
カップ&ソーサーのソーサーを豆皿に使用している森さん。ソーサーだけどハンパ物は安価なので、憧れのデザインもお手軽に楽しめる。

月1回オープンのビンテージ店
Shop Sticka
ショップ スティッカ

築87年になる日本家屋を改築したショップ。こぢんまりとした店舗に食器がずらりと並び、森さんにお話を聞きながらショッピングが楽しめる。月1不定期のオープンだが、ウェブからの事前予約で訪問することも可能。

Map P.119-C3 田園調布
🏠 大田区田園調布3-4-7 ☎なし ⏰月1回不定期（オープン日はウェブサイトで確認可能）🚫不定休 🚃東急東横・目黒線田園調布駅から徒歩2分

イベントも開催！
年に2回、フィンランド発祥のイベント、「レストランデイ」を開催しパンや焼き菓子を販売。当日は買い物と合わせて北欧の味も楽しめる。

46　森さんは、北欧の旅やインテリアに関するオンラインイベントも開催しています。（山梨県・トット）

ビンテージ
ショップ
クルーズ

北欧4ヵ国のうち、どの国のアイテムが多いかを円グラフで紹介。

都内のビンテージショップを6軒ピックアップ！こだわりの商品セレクトに注目！

雑貨系

Check! 大柄な花柄がレトロ

アラビアのアウリンコシリーズのプレート7480円

老舗ビンテージショップ
kirpputori
キルップトリ
FINLAND / DENMARK / SWEDEN

北欧ビンテージ

スタイリッシュな外観が目を引く。現地のみの市などを回り、オーナー自身の目で選び抜いたアイテムが多数。有名モデルのほか、レアものやちょっと変わったアイテムも。ククサのネックレスなどオリジナルの商品もある。

Map P.120-C2 五反田
品川区西五反田2-26-9 03-3491-1300
11:00～19:00（事前予約制）不定休 地下鉄五反田駅A2番出口から徒歩4分

人気のアラビアのポモナのポット7700円〜

人気のアンティ・ヌルメスニエミのポットもカラバリあり

Check! 当時はノベルティとして配られた

フィンランドの民族叙事詩・カレワラモチーフのイヤープレートミニ1枚6600円〜

フィンランドのカイ・フランクデザインのグラス7260円

まるで北欧デザインのおもちゃ箱！
chuffy
チャフィー
FINLAND / DENMARK / SWEDEN

古民家の中には、床から天井まで食器がぎっしり！ まさに現地のビンテージショップのようなカオスな空間が広がる。デンマーク、スウェーデン、フィンランドのアイテムをバランスよく揃え、なかには思わず二度見してしまうほどの激レアアイテムも。

Map P.119-B3 経堂
世田谷区宮坂3-28-3 シャトル経堂1F 03-6413-5616
12:00～19:00 月・火（催事の際は不定休）小田急線経堂駅北口から徒歩10分

棚の中にアイテムがぎっしり！

Check! 大きなミイは激レア！

アラビア製のミイの陶器人形。大12万1000円、小3万7400円

スウェーデン、リサ・ラーソンの陶器プレート5万5000円

デンマーク、Lyngby Porcelainのカップ&ソーサー7150円

Check! 今は廃業となったブランド

ロイヤルコペンハーゲン、NUCELLAシリーズのポット1万3750円

マリメッコをはじめとした北欧テキスタイルの古布もある

スウェーデンのデザイナー、シグネ・ペーション・メリンのガラスポット2万3100円、ウォーマー2万900円

kirpputoriでは、希望のアイテムを伝えれば現地から取り寄せたり次回の仕入れの際に見つけて手に入れてきてもらえる。

47

家具系

ホルムガードの
ガラスのランプ
6万8200円

北欧ビンテージのパイオニア
HIKE
ハイク

北欧のビンテージ家具を販売する店としては、都内でも最古参。巨匠ものから無銘まであり、ていねいに手入れされた逸品ばかり。リビングやダイニングなど生活シーンごとに陳列されているので、インテリアの参考にもなる。

Map P.120-C1　目黒

🏠目黒区東山1-10-11　☎03-5768-7180
🕐12:00～18:00（月は事前予約制）休火・水
🚇地下鉄・東急東横線中目黒駅西口または東急田園都市線池尻大橋駅東口から徒歩10分

北欧ビンテージ

1. ビンテージとは思えないほど状態のいいものばかり 2. 住空間ごとに合う家具がレイアウトされている 3. ロイヤルコペンハーゲンのローテーブル20万円とフィン・ユールのソファ52万8000円

ハイククオリティを感じてください

木のぬくもりを感じられる家具が揃う

ソーイングテーブル9万9000円。デンマーク製

デンマークの2シーターソファ24万2000円

小物がさりげなく配されている

デンマークの家具が並ぶ
Dawner
ダーナー

オーナーの本間さんが自ら買い付け、修理、手入れまで行った家具を販売。家具はほとんどがデンマークのもので、デザイナーやブランドにとらわれることなく、自らが「いい」と思ったアイテムをセレクトしている。

白塗りのおしゃれな店

Map P.125-A3
西荻窪

🏠杉並区宮前3-35-16
☎03-6874-3228
🕐11:00～18:30 休火・木
🚇JR西荻窪駅南口から徒歩10分

インテリア相談にものりますよ

HIKEでは、ランプなど一部は現行のものも販売している。

49

都市型イケア 3店舗徹底調査！

世界中で知名度の高いスウェーデン発の家具量販店、イケア。2020年に日本初の都市型店舗をオープン！郊外の大型店舗とはひと味違う楽しみ方を教えちゃいます！

イケアスタッフのイチオシ！

一家にひとつは買っておくべき、便利で使える即買い商品はこちら！

MUST BUY ITEM

エコバッグ 199円
コンパクトにできて便利！柄は全部で3種類

水筒 ホワイト 399円
6時間保温・保冷できる。イケアのロゴがキャッチーでグッド！

日本発のイケアコレクション、EFTERTRÄDA/エフテルトレーダ。ロゴをモチーフにした洋服や雑貨がキュート！

お菓子を食べたり読書をしたりと、ベッド上での過ごし方をより快適にしてくれる便利アイテム！

ベッドトレイ 1499円
折りたためて持ち運びも楽々。廃棄されるゴムノキを使用

テーブルランプ wiFiスピーカー付き 2万4990円
スピーカーとランプが一体になった人気商品。スペースを取らないのがうれしい！

アメリカのwi-Fiスピーカーブランドの Sonosとコラボレーション。おしゃれで高音質ながらコスパ最強！

時計/温度計/アラーム 1299円
USBからも電源が取れる多機能時計

お手頃でおいしいテイクアウトフードも充実しています！（東京都・なぎさ）

50

キーワードは多様性

IKEA新宿
イケアシンジュク

ダイバーシティな新宿の文化を意識した、多様なライフスタイルを提案。各フロアを部屋のカテゴリーで分けて家具と雑貨を一緒に配置しており、部屋のイメージを思い浮かべながら買い物が楽しめる。

Map P.120-A1 新宿

🏠 新宿区新宿3-1-13 京王新宿追分ビルB1F〜3F ☎0570-01-3900（イケア・ジャパン カスタマーサポートセンター）
🕐 11:00〜20:00 休無休 地下鉄新宿三丁目駅C1番出口から徒歩2分

FLOOR GUIDE
3F	ベッドルーム、寝具、収納小物、バス用品など
2F	リビングルーム、照明、インテリア雑貨など
1F	スウェーデン バイツ、Circular Shop、スウェーデンフードなど
B1F	クッキング用品、キッチンアクセサリーなど

2021年5月オープン！

注目のフロア

▲すべての家具や雑貨を2万9000円以下でコーディネートした「My room@Tokyo」

◀「いい1日はよい眠りから」をテーマにした6畳のルーム

3&2F 多様性を反映した6つのルームセット

新宿のダイバーシティなカルチャーを反映し、「国際カップルの部屋」や「シングルペアレント世帯の部屋」などの6つのルーム展示を用意。

◀収納のアイデアを生かした「小さくても、豊かな暮らし」

1F サスティナブルな Circular Shop

持続可能な活動にも力を入れているイケア。都市型店舗のなかの新宿店と渋谷店では、展示品や中古品をアウトレット価格で販売している。

イケア全店舗にあるよ！

▶無料の給水ポットもある。マイボトルを持参しよう

▲再生可能な素材を使った商品も揃う

さわやかなアップル味

▲環境に配慮して養殖されたサーモンを使ったサーモンマリネ700円

▲体や地球にも優しいサスティナブルなメニューがずらり

1F テイクアウト専門 スウェーデン バイツ

日本のイケアでは初の量り売りでテイクアウトフードを楽しめる。スウェーデン料理のほか、ベジタリアンや店舗限定メニューにも注目！

▶店舗限定の青のプラントベースアップルソフト200円

©イケア・ジャパン　　肉を一切使わないミートボール、プラントボールは本物のお肉のように美味！

充実の品揃え！
IKEA渋谷
イケアシブヤ

ワクワクが止まらない！

渋谷センター街にある7階建てのビルすべてがイケアの店舗！ 19種類の売り場と約3100点ものバラエティに富んだアイテムが展示されており、全フロアを見て回りたくなる。限定品も要チェック！

FLOOR GUIDE
- 7F スウェーデンレストラン
- 6F ベッドルーム、玄関など
- 5F リビングルーム、オフィスなど
- 4F クッキング用品、テーブル小物など
- 3F 寝具、子ども用品、バス&トイレ用品など
- 2F 照明、整理収納、カーテンなど
- 1F スウェーデンフードマーケットなど

Map P.123-C3 渋谷

🏠渋谷区宇田川町24-1 湯木ビル1F～7F ☎0570-01-3900（イケア・ジャパン カスタマーサポートセンター）🕙10:00～20:00 無休 JR渋谷駅ハチ公口から徒歩5分

注目のフロア

▲店舗限定のカラフルなドーナツフルーツサンド 290円

◀気分も上がるおしゃれな内装

7F 限定メニューあり！スウェーデンレストラン

都市型店舗で唯一のレストラン。スウェーデンミートボール590円（8個入り）などの伝統料理をはじめ、プラントベースフード、デザートメニューも充実。

◀フィレサーモン定食ジンジャーソース1250円は1日30食限定の店舗限定メニュー

3F 限定アイテムをゲット！

イケアの象徴でもある青いショッピングバッグと同じ素材で作った帽子はここでしか買えない限定品！ ほかにも、先行販売しているかわいいアイテムが揃う。

▶正面にバーコードがプリントされているユニークなパーカー 1999円～

▲ダーラナホースがキュートなキーリング 199円！

▼帽子299円。折りたたみできて持ち運びしやすい

1F イケア店舗世界初！ベジドッグ専門店

ベジタリアンのホットドッグ専門店。全10種類のメニューがあり、そのうちの8種類はIKEA渋谷限定。食物繊維やビタミンが豊富で栄養満点！

▲ベジドッグ以外にもパンやコーヒーなども販売

◀ベジドッグ80円やマッシュポテトベジドッグ150円など値段もお手頃！

大型店舗と比べてレイアウトや品揃えが異なるので、違う楽しみ方ができます。（千葉県・milk）

気軽さが魅力

IKEA原宿
イケアハラジュク

都市型店舗第1号としてオープン。「整える」「眠る」「くつろぐ」など生活の目的ごとに分けた4つのジャンルに沿って商品が配置されている。コンビニやカフェもあり、ふらりと立ち寄る気軽さがナイス！

Map P.123-B3 原宿

渋谷区神宮前1-14-30 WITH HARAJUKU内 ☎0570-01-3900（イケア・ジャパン カスタマーサポートセンター）⏰11:00～20:00、土・日・祝10:00～ 休2月第4水曜 交JR原宿駅東口または地下鉄明治神宮前〈原宿〉駅2番出口から徒歩すぐ

FLOOR GUIDE

2F	キッチン用品、スウェーデンカフェなど
1F	スウェーデンコンビニ、収納、寝具など

ディスプレイもかわいい！

注目のフロア

◀見た目もキュートな北欧の低アルコールビール290円～

2F スウェーデンカフェでひと休み

軽食メニューやアルコールを含むドリンクを提供。スウェーデンの伝統料理をアレンジしたツンブロードは必食！ メニューはすべてテイクアウトもOK。

▶薄い生地に具材を挟んだツンブロード。店舗限定のセムラ味390円

◀カウンター席とテーブル席がある

2&1F SNS映えなフォトブース

店内の売り場には、イケアのアイテムがおしゃれにレイアウトされた撮影スポットもある。写真に収めておけばインテリアの参考にもなってグッド！

◀2階の「くつろぐ」エリアには巨大ソファが鎮座する

▶1階の「整える」エリアではカゴを使って南国を演出

1F スウェーデンコンビニにサクッと立ち寄る

コンビニのように、手軽に素早くショッピングできるアイテムが並ぶ。コーヒースタンドも併設されており、シナモンロールやコーヒーをテイクアウトできて便利。

▲サスティナブルで手頃な商品が集まる

▶植物由来のアイスを使った、プラントベースサンデー（ストロベリー）350円

コンビニ感覚で立ち寄れる！

大型家具を購入する場合、その場では持ち帰れないので、配送注文をするか大型店舗での受け取りが必要。

aruco調査隊が行く!! ①
シチュエーション別
かわいくて使えるリサ・ラーソンをGET

愛らしい表情とフォルムに何とも言えないぬくもりを感じる、リサ・ラーソンの作品たち。
リサ・ラーソン好き編集者が日本唯一の直営店でおすすめのアイテムをピックアップ！

リサ・ラーソン's Profile
スウェーデンを代表する陶芸デザイナー。グスタフスベリに入社し、多くの作品を生み出した。動物をモチーフにした作品が有名。

ベースドレス（スカイブルー）7150円
鮮やかなサマードレスの花瓶は、オブジェとして飾ってもグッド！

リサ・ラーソンの猫張り子（マイキー）3080円
マイキーが会津の張り子に変身！和室と相性バッチリ

1964年にデザインされた代表作。手で描かれた愛らしい姿が印象的

ライオン ミディアム1万7050円

雪の中のフォックス ミディアム1万5400円
ミニ1万450円
ストックホルムの島にある野外博物館の白いキツネがモチーフ

セミミディアム1万1000円

推しはコレ！
職人がーつひとつ手作業で作っているため、表情も少しずつ異なる。
編集Y.S

ミア ミディアム1万7050円

使い方は無限大！額に入れてインテリアとしても使える

榛染てぬぐい（ロゴとマイキー・白）1540円

at Home

隠れ家的雑貨店
TONKACHI,6
トンカチシックス

ビルの6階にある、リサ・ラーソンの作品を揃える国内唯一の直営店。店内にはずらりと陳列された代表作の陶芸品をはじめ、お手頃な雑貨も並ぶ。ほかにも、北欧をはじめとする海外アーティストの商品を扱う。

Map P.120-C1 代官山
渋谷区代官山町1-1 GRAVA代官山6F ☎03-5428-5162 ⏰12:00〜19:00 不定休 JR渋谷駅新南口から徒歩8分

サイズや色のバリエが豊富。STORA ZOOシリーズKatt (Mia)の復刻版

54　益子焼など、本国では手に入らない日本の焼き物とコラボした作品もゲットできます！（埼玉県・サンタラバー）

日本でも買えちゃいます！北欧ブランドの直営店

日本に直営の店舗がある、有名北欧ブランドをピックアップ。みんな大好きなマリメッコやムーミン、さらにデンマークの有名インテリアブランドまで一挙紹介！

Marimekko

表参道店に潜入！

DESIGNER
マイヤ・イソラ→P.63

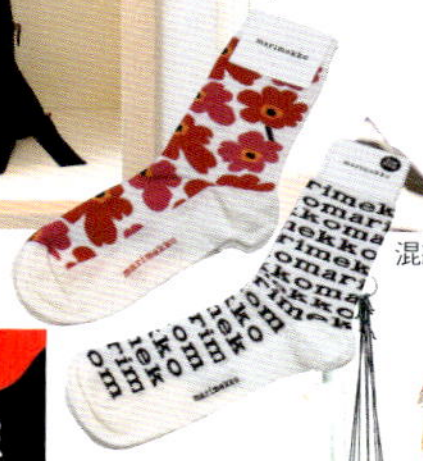

混紡素材のソックス。マリメッコロゴは3850円、ウニッコ柄は3300円

都内最大規模のマリメッコ

Marimekko 表参道店
マリメッコ オモテサンドウテン

表参道から少し入った場所にある、マリメッコの旗艦店。地下1階から2階まで、建物ひとつがまるごとマリメッコで、ファンにとってはまさに「聖地」。洋服から生活雑貨、小物まで圧倒的な品揃え。店員さんのマリメッコファッションにも注目して。

Map P.123-B3 表参道
🏠 渋谷区神宮前4-25-18 エスポワール表参道アネックス1 ☎03-5785-2571 ⏰11:00〜19:30 休無休 🚃JR原宿駅東口または地下鉄明治神宮前〈原宿〉駅5番出口から徒歩4分

2F 洋服

2階はファッション。最新モデルから定番まで揃い、メンズとキッズもあるのでカップルやファミリーでの買い物も◎。

ウニッコ柄Tシャツ1万8700円やボーダー柄のタサライタのカットソー1万3200円など

見ているだけで気分がうきうきしそうなデザインのものばかり

都内のマリメッコ支店

都内には、表参道店のほかにも9つの店舗がある。数店舗を回ってみるのもおもしろい。特に大きいのは路面店の吉祥寺店。

丸の内店 
Map P.121-A3
🏠 千代田区丸の内1-5-1 新丸ビル1F ☎03-5224-3103 ⏰11:00〜21:00、日・祝〜20:00 休不定休 🚃JR・地下鉄東京駅丸の内中央口から徒歩すぐ

伊勢丹新宿店 
Map P.120-A1
🏠 新宿区新宿3-14-1 伊勢丹新宿店本館5F＝イーストパーク ☎03-3225-2480 ⏰10:00〜20:00 休不定休 🚃地下鉄新宿三丁目駅から徒歩すぐ

池袋店 
Map P.119-B3
🏠 豊島区南池袋1-28-1 西武池袋本店（4F&7F）7831（4F）、03-5949-2181（7F）⏰10:00〜21:00、日・祝〜20:00 休施設に準ずる 🚃西武池袋線池袋駅直結

玉川髙島屋S・C店 
Map P.119-C3
🏠 世田谷区玉川3-17-1 玉川髙島屋S・C本館2F ☎03-5717-9341 ⏰10:00〜21:00 休施設に準ずる 🚃東急田園都市線・大井町線二子玉川駅西口から徒歩2分

Marimekko表参道店のショーウインドーの前には、蔦の茂る壁があってフォトジェニックです。（埼玉県・ミッツ）

1F 雑貨＆バッグ

1階はファッションと小物、奥にバッグが陳列されている。オリジナルパターンを使ったエコバッグコーナーも要チェック。

パターンがあしらわれたオリジナルのメモ帳3190円

1. ウニッコをはじめ、ラシィマットやシイルトラプータルハなど歴代のパターンを使ったエコバッグ 各4400円
2. ショルダーやリュック、トートなども種類豊富。ワンショルダーバッグ 2万5300円など

はぎれで作ったがまロポーチ。大3300円、小各2420円

ウニッコ柄のショルダーバッグ 2万8600円。アウトポケット付きで使いやすい

北欧ブランドの直営店

肌触りのいいコットンタオル 各1980円

B1F 生活雑貨

地下1階には、食器やタオルなどの生活雑貨がずらり。人気のファブリック売り場＆オーダーカーテンもこのフロアにある。

パステルカラーがかわいいフラワーベース 6050円

カラバリ豊富なウニッコ柄のマグ 2750円～

日本限定のニュープロダクト、ムスタタンマ柄のミトン 3190円

日本限定アイテムをチェック！
シーズンごと日本限定パターンを発表。2021年最新パターンはこちら！

市民公園を意味するシイルトラプータルハのボウル 2750円

こちらもシイルトラプータルハ。スクエアプレート 2750円

創設者のアルミ・ラティアが想像したユートピアをイメージしたマリクーラ。ウッドトレイ 7700円

Let's カーテンオーダー！

地下1階でカーテンをオーダー！オンラインストアでは受け付けておらず、店舗限定。

①色や柄を選ぶ
まずはパターンを選ぶ。柄の大きさやカラーなどいろいろなので、好みと用途で選ぼう。

②カーテンの形を決定
カーテンの大きさを伝えたら、スタイルを決める。プレーンやシェードなど数パターンある。

③裁断する場所を決める
生地をカットする場所を指定できる。柄をどのように入れるか考えよう。

④オーダー完了！
裁断を行い加工へ。完成には1ヵ月ほど。値段は生地代7700円／m＋加工賃。

松屋銀座店	日本橋店	渋谷店	吉祥寺店	立川店
Map P.121-B3	Map P.121-B3	Map P.123-C3	Map P.124-A2	Map P.118-B2
中央区銀座3-6-1 松屋銀座7F ☎03-3566-6033 ⓘ10:00～20:00 ㊡施設に準ずる ㊃地下鉄銀座駅A12番出口直結	中央区日本橋2-5-1 日本橋高島屋S･C新館3F ☎03-6262-6395 ⓘ10:30～20:00 ㊡施設に準ずる ㊃地下鉄日本橋駅B4番出口直結	渋谷区渋谷2-24-12 渋谷スクランブルスクエア5F +Qグッズ ☎03-5962-7285 ⓘ10:00～21:00 ㊡不定休 ㊃JR渋谷駅直結	武蔵野市吉祥寺本町2-21-9 ☎042-223-6117 ⓘ11:00～19:30 ㊡無休 ㊃JR・京王井の頭線吉祥寺駅アトレ本館口から徒歩2分	立川市曙町2-1-1 ルミネ立川店3F ☎042-540-6606 ⓘ10:00～21:00、土・日・祝～20:30 ㊡施設に準ずる ㊃JR立川駅改札連絡口直結

店内でラッピングをお願いすると、ロゴ入りのかわいい包装紙で包んでくれる。

ムーミンショップの限定アイテムを買う！

シンプルなプレートリボンキーリング 1320円

店舗限定品！ミムラねえさんのキーリングが買えるのは二子玉川店だけ

MOOMIN SHOP
From Scandinavia

4色ボールペンとシャーペンが付いたジェットストリーム 各2420円

フレグランスリードディフューザー（スナフキン・リトルミイ）各2860円

全部集めるとムーミンの家が完成！ムーミンハウスコレクション 各880円。屋根はボックス購入の場合のみ付く

デザイン豊富なミニタオル 各660円

トートバッグ、ピンクM 2860円。さりげないワンポイントがかわいい！

キュートなタイル風プランターカバー リトルミイ 4070円

©Moomin Characters™

(lehti限定) メタルリース（スナフキン・リトルミイ）各3520円を飾れば、一気におしゃれな空間に！

「ムーミン」の世界観を再現した内装にも注目してね☆

大人かわいい商品がずらり

MOOMIN SHOP
二子玉川店
ムーミンショップ フタコタマガワテン

食器に文房具、洋服やインテリアなど日常で使えるキュートな「ムーミン」グッズを揃える。特に二子玉川店は、都内のムーミンショップのなかで最も商品のバラエティが豊か。店舗限定品やムーミンショップのオリジナル商品にも注目したい。

Map P.119-C3 二子玉川
🏠世田谷区玉川2-23-1 二子玉川ライズ ドッグウッドプラザ2F ☎03-5797-5539 ⏰10:00〜21:00 施設に準ずる 東急田園都市線・大井町線二子玉川駅から直結

MOOMIN SHOP MINI 東京駅店
ムーミンショップミニ トウキョウエキテン
Map P.121-B3
🏠千代田区丸の内1-9-1 東京駅一番街B1F 東京キャラクターストリート内 ☎03-6212-6626 ⏰10:00〜20:30 無休 JR東京駅八重洲地下中央口改札から徒歩すぐ

MOOMIN SHOP ルミネ北千住店
ムーミンショップ ルミネキタセンジュテン
Map P.119-B4
🏠足立区千住旭町42-2 ルミネ北千住6F ☎03-5284-1563 ⏰10:00〜20:30 施設に準ずる JR・地下鉄・東武伊勢崎線・つくばエクスプレス北千住駅から直結

58　 イベントや季節によってムーミンショップの店員さんの衣装がキャラクター仕様になるのが密かな楽しみです。（神奈川県・mii）

Louis Poulsen

定番アイテムをおさえる!

PH アーティチョーク
119万9000円〜

72枚の羽根が特徴的なペンダントライト。美しい光を生み出す

PH 5　12万4300円〜

ポール・ヘニングセンの名作。不快な明るさを抑えつつ光を放つ

有名デザイナーのランプが集合
ルイスポールセン 東京ショールーム
ルイスポールセン トウキョウショールーム

1874年にデンマークで創業した老舗照明ブランド。光の質と見た目の美しさにこだわった商品を扱う。ポール・ヘニングセンなどの有名デザイナーや建築家とタッグを組み、多くのヒット製品を生み出してきた。

DESIGNER
ヴァーナー・パントン→P.62
アルネ・ヤコブセン→P.62
ポール・ヘニングセン→P.62

Map P.120-B2 六本木

🏠 港区六本木5-17-1 アクシスビル3F　☎ 03-3586-5341（ルイスポールセンジャパン代表）⏰ 11:00〜18:00 休 土・日・祝 🚇 地下鉄六本木駅5番出口から徒歩6分

Photo by FUMITO SUZUKI

北欧ブランドの直営店

AJテーブル　12万8700円〜
SASロイヤルホテルのためにアルネ・ヤコブセンがデザインした

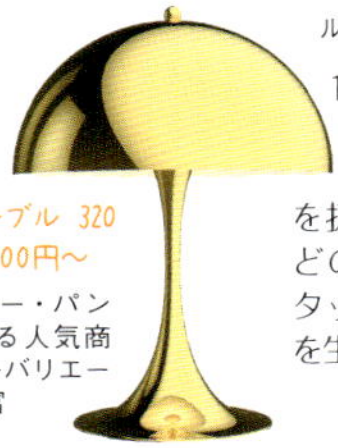

パンテラテーブル 320
12万4300円〜
ヴァーナー・パントンによる人気商品。カラーバリエーション豊富

Royal Copenhagen

ブルーフルーテッド
ハーフレース　カップ＆ソーサー
1万9800円

ロイヤルコペンハーゲンが開窯した1775年に最初に制作されたブルーフルーテッドを基礎としている

HAV〈ハウ〉カラフェ
3万800円

デンマーク語で海を意味するHAV。飛び立とうとする白鳥の胸がモチーフ

オープンウェア スフレ ペア
1万3200円

伝統的なブルーフルーテッドのパターンに現代的なデザインがミックス

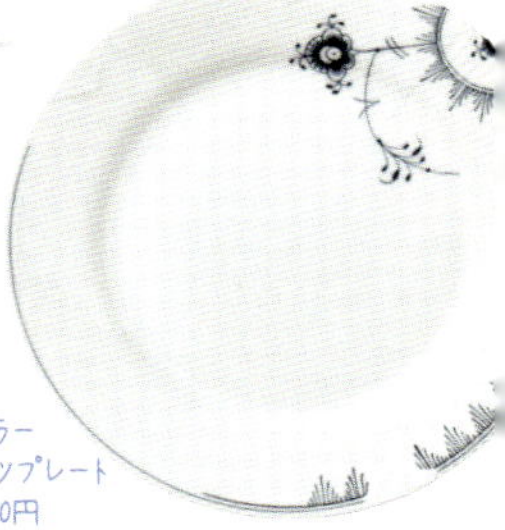

カラー
エレメンツプレート
9900円

THUNDERと呼ばれるブルーブラックで描かれている

デンマーク王室ゆかりの陶磁器
ロイヤルコペンハーゲン 本店
ロイヤルコペンハーゲン ホンテン

240年もの長い歴史を誇るデンマーク生まれの陶磁器ブランド。王室専用の窯として開設したのが始まり。高貴さを象徴とするブルーに、熟練した職人の手によってていねいに絵付けされた、気品のあるデザインが特徴。

Map P.121-B3 有楽町

🏠 千代田区有楽町1-12-1 新有楽町ビル1F　☎ 03-3211-2888　⏰ 11:00〜19:00 無休 🚇 JR・地下鉄有楽町駅D1番出口から徒歩すぐ

CH25
LOUNGE CHAIR
37万8400円〜

ペーパーコードを使用したラウンジチェア。発売当時革新的なデザインで評価された

CH23
CHAIR
10万1200円〜

芸術性と人間工学を意識した、ウェグナーの初期の作品

CARL HANSEN & SØN

老舗家具ブランド
カール・ハンセン＆サン フラッグシップ・ストア東京
カール・ハンセン＆サン フラッグシップ・ストアトウキョウ

1908年にデンマークのオーデンセで家具職人のカール・ハンセンが設立。シンプルで美しく機能性にも優れた、デンマーク屈指の家具を扱う。1950年に発売されたハンス・J・ウェグナーとコラボしたCH24/Yチェアは、不朽の名作。

CH24
Y CHAIR
8万2500円〜

ハンス・J・ウェグナーの代表作。安定感のあるY字形の背もたれが特徴

DESIGNER
ハンス・J・ウェグナー→P.62

Map P.123-B4 青山

🏠 渋谷区神宮前2-5-10 青山アートワークス1/2F　☎ 03-5413-5421　⏰ 12:00〜19:00、土・日・祝11:00〜 不定休 🚇 地下鉄外苑前駅3番出口から徒歩6分

2世紀以上続いてきたロイヤル・コペンハーゲン。ほとんどのデンマークの家庭には代々受け継がれてきた陶磁器があるとか。

and fika

目黒通りの北欧ショップ

日本の工芸やデザインを紹介するポップアップも開催します

じっくり向き合いたいおしゃれなセレクト

知識が豊富なバイヤーがセレクトした、本日本にあるブランド直営店とまたひと味違

アンドフィーカ

オーナーの今泉さんが「北欧と日本の架け橋になる」という思いからスタートした店。日本で唯一の正規代理店であるフィンレイソンのほか、ここにしか取り扱いのないブランドも多い。デザイン雑貨だけでなく北欧関連書籍も販売している。

Map P.120-C1 目黒

🏠 目黒区下目黒5-3-13 ☎03-6721-9090 ⏰11:00～18:00、土12:00～19:00 休日・祝 JR・地下鉄・東急目黒線目黒駅正面口から徒歩17分

アアルトのランプやチェアなども扱っている

From FINLAND
Finlayson
1820年創業のテキスタイルブランド。寝具や食器など、暮らしに寄り添うアイテムが揃う

Finlayson™ © Finlayson Oy

創業200周年記念デザインのアンヌッカ。左のトレイは3960円

From FINLAND
Anna ja Liisa
西海岸オストロボスニア地方にあるデザインチーム。自然をモチーフとした商品を展開

グリーティングカード各440円。開けるとオストロボスニア地方の風景写真が

From SCANDINAVIA
PATTERN COLLECTION
andfikaオリジナル。フィンランドのグラフィックデザイナーが手がけた

伝統の柄が織られたデニム生地のトートバッグ5500円

From SWEDEN
Glimmis
ママ友ふたりで創業したブランド。アクセサリー感覚で付けられるリフレクターが人気

From SCANDINAVIA
Seinällärt
andfikaオリジナル。北欧のクリエイターが描く、土地ならではのポスターがメイン

スウェーデンのお茶の時間、フィーカをテーマにしたポスターA4サイズ1980円

スウェーデンらしいダーラナホースやユニコーンなど。右はスウェーデンの絵本、ブロキガの人気キャラクター、リトルピンク。各660円～

andfikaでは、カフェトーク「フィーカの時間」というトークイベントを行っていて、YouTubeで視聴できます。（千葉県・とと）

アイテムばかり！
ショップへGO☆

気でおすすめしたい北欧ブランドが大集結！
う、新たなブランドの一面も見られるかも!?

長く愛用できるアイテムが勢揃い！

SEMPRE HOME

日常に寄り添う商品をセレクト

From DENMARK

Holmegaard
王室御用達のガラスブランド。職人による吹きガラス製法によって生み出される

写真：竹内一将

花瓶や小物入れなど多様な使い方が楽しめる。デザインウィズライト4950〜5500円

センプレ ホーム

心地よい暮らしを実現し、長く使えて、デザイン性の高さを重視した、日本国内外の洗練されたブランドを扱う。店内では、インテリア雑貨や家具などのバラエティ豊かな商品を、日常の生活をイメージしやすいようにディスプレイしている。

Map P.120-C1 目黒

🏠 目黒区大橋2-16-26 1F〜2F
☎ 03-6407-9081 🕐 12:00〜19:00 休水 🚉 東急田園都市線池尻大橋駅北口から徒歩5分

おしゃれなセレクトショップへGO☆

From DENMARK

MUUTO
先進的な素材や技術を駆使し、新たな北欧デザインを発信する

エレガントなデザインのアラウンドコーヒーテーブルSサイズ6万3800円

From SWEDEN

KLIPPAN
創業140年以上の老舗テキスタイルブランド。上質なウールブランケットに定評がある

ひざ掛けに最適なシュニールコットンミニブランケットCHOUCHO1万1000円

From DENMARK

Ro Collection
さまざまな素材を使い、ユニークで幅広いアイテムを展開する

便利屋の道具箱からインスパイアされたツールボックス1万9800円

From DENMARK

ARNE JACOBSEN
北欧を代表する有名ブランド。実用的なデザインが生活を豊かにするという思想を長年継承してきた

アルネ・ヤコブセンウォールクロックローマン4万5100円。オーフス市庁舎を設計した際にデザインされた

From DENMARK

MOEBE
建築家と家具職人によって2014年に創業。シンプルさを追求したインテリアや家具を扱う

透明なキャンバスをイメージしたフレーム4950〜8800円

他にもこんなブランドがある！
・アルテック
・カール・ハンセン&サン
・フリッツ・ハンセン
・ルイスポールセン

SEMPRE HOMEのウェブサイトでは、インテリア3Dシミュレーターを使って自宅の間取りを再現し、家具の配置やコーディネートができる。

これであなたも北欧通!

北欧デザイナー図鑑

インテリア家具やテキスタイルなど、デザイン大国・北欧を牽引してきたデザイナーたち。世界中で愛される名作とともに、押さえておきたい北欧の巨匠をご紹介!

DENMARK

SERIES 7 CHAIR

Arne Jacobsen
アルネ・ヤコブセン
(1902〜1971年)

デンマークを代表する建築家&デザイナー。北欧モダニズムをリードし、建築やインテリアから、カトラリー、照明にいたるまで幅広い作品を生み出してきた。

代表作
- セブンチェア
- AJテーブル
- スワンチェア

CH24/Y CHAIR

Hans J. Wegner
ハンス・J・ウェグナー
(1914〜2007年)

世界的家具デザイナーとして有名。生涯でおよそ500種類もの椅子を生み出し、その多くが現在も国際的に高い評価を受けている。無駄のない美しさが特徴。

代表作
- CH24/Yチェア
- ザ・チェア
- デイベッド

PH 5

Poul Henningsen
ポール・ヘニングセン
(1884〜1967年)

"近代照明の父"として知られている照明デザイナー。人にとって最適な明かりを追求し、3枚のシェードを使ったランプなど、多くの傑作を手がけた。

代表作
- PH 5
- PH アーティチョーク
- PH ランプシリーズ

画像提供:IDC OTSUKA

Pelican Chair

Finn Juhl
フィン・ユール
(1912〜1989年)

デンマークを代表する家具デザイナー。滑らかな曲線と美しいフォルムを追求した作品は、彫刻のような独創性が魅力。制作は職人に任せ、自身はデザインと設計に注力した。

代表作
- No.45 イージーチェア
- ペリカンチェア
- チーフテンチェア

Azur

Jens H. Quistgaard
イェンス・クイストゴー
(1919〜2008年)

キッチンウエアで有名なDANSK社の創立に関わり、チーフデザイナーとして活躍。あたたかみのある陶器やコペンスタイルのホーロー鍋など、多くのヒット商品を手がけた。

代表作
- レリーフ
- アズール
- コペンスタイル

PANTHELLA

Verner Panton
ヴァーナー・パントン
(1926〜1998年)

ランプやテキスタイルなど多岐にわたる作品を手がけた。カラフルかつ近未来的なデザインと素材使いは、ミッドセンチュリーの北欧デザイン界に大きな影響を与えた。

代表作
- フラワーポット
- パンテラ
- パントンチェア

デザイナーについて調べると、北欧ブランドの歴史も一緒に学べるので勉強になります。(千葉県・rei)

SWEDEN

Stig Lindberg
スティグ・リンドベリ
(1916～1982年)

スウェーデンの陶磁器メーカー、グスタフスベリの専属デザイナー。遊び心のある陶器のほか、インテリア、テキスタイル、絵本の挿絵まで手がけた、オールラウンダー。

bersa

代表作
・ベルサ　・プルヌス　・アダム

画像提供：株式会社 天童木工

Lisa Larson
リサ・ラーソン
(1931年～)

日本にも多くのファンがいる陶芸作家。グスタフスベリに入社後、動物をモチーフとしたフィギュリンをはじめ多くの名作を生み出した。現在も精力的に活動を続けている。

MIA

代表作
・マイキー　・ライオンシリーズ　・ミア

Bruno Mathsson
ブルーノ・マットソン
(1907～1988年)

家具職人の息子として生まれ、幼い頃から修業を積んできた。1936年に発売した、麻をベルト状に編みこんだ椅子「エヴァ」をきっかけに、世界的デザイナーとして名をはせた。

Margareta

代表作
・エヴァ　・マルガリータ

Berndt Friberg
ベルント・フリーベリ
(1899～1981年)

22年もの下積みを経た、スウェーデンを代表する陶芸家。自らろくろで製作した作品は、日本や中国の古陶磁に影響を受けており、優美なアートピースとして親しまれている。

vase

代表作
・フラワーベース

北欧デザイナー図鑑

FINLAND

Maija Isola
マイヤ・イソラ
(1927～2001年)

マリメッコの代表作「ウニッコ」を生み出したテキスタイルデザイナー。自然や旅などからインスピレーションを得た、大胆で華やかなパターンは現在も世界中で愛され続けている。

Unikko

代表作
・ウニッコ　・キヴェット　・カイヴォ

Alvar Aalto
アルヴァ・アアルト
(1898～1976年)

今日のフィンランドデザインの礎を築いた、モダニズム建築の第一人者。フィンランドの自然や伝統をテーマにした建築物から家具や器にいたるまで幅広い作品を生み出した。

Stool 60

代表作
・スツール 60
・〈シエナ〉シリーズ
・ペンダントライト

Kaj Franck
カイ・フランク
(1911～1989年)

アラビアなどで活躍し、「フィンランドデザインの良心」として知られている巨匠。万能で実用性が高く、世代を超えて愛されるロングセラーアイテムを生み出した。

Teema

代表作
・ティーマ　・カルティオ　・タンブラー2744

Oiva Toikka
オイバ・トイッカ
(1931～2019年)

偉大なガラスデザイナー。一般的な北欧デザインから逸脱した大胆なガラスアートが特徴。手吹き技法のバード バイ トイッカは世界中にコレクターがいるほどの人気ぶり。

Birds by Toikka

代表作
・フルッタ　・カステヘルミ　・バードバイトイッカ

キャサリンホルムのロータスシリーズを手がけた、ノルウェー出身のグレタ・プリッツ・キッテルセンも有名。

63

デザイン性も機能性もGood！北欧アウトドア

FJÄLLRÄVEN by 3NITY TOKYO
フェールラーベン バイ トリニティ トウキョウ

王道のアウトドアブランド

キツネのマークでおなじみ、スウェーデンのアウトドアブランド、フェールラーベンの旗艦店。キャットストリート沿いにあり、人気のカンケンバッグからマウンテンパーカー、小物類まで同ブランドの商品なら何でも揃う。

Map P.123-C3 渋谷

渋谷区神宮前6-19-1 長野ビル1F ☎03-6419-7391 12:00～19:30 無休 JR渋谷駅B1番出口から徒歩4分

- キツネのロゴマーク付きのキャップ 5500円
- オーガニックコットンのTシャツ 7480円
- 世界で愛されるカンケンバッグ（16L） 1万2100円
- 3種類から選べる刺繍を施したスペシャルモデル 1万4300円も！
- コンパクトで使いやすいUlvo Hip Bag 7700円。カラーバリエーションは全9色

お出かけSTYLE
街歩きから軽ハイキングまで対応可能！

- **HAT** ストレッチが効いてかぶりやすいKeb Trekking Cap 6380円
- **INNNER** ロゴ入りTシャツ 7480円
- **BAG** G1000素材を使ったポケットバッグ 5500円
- **OUTER** 軽量で通気性のよいHigh Coast Shade Jacket W 2万6400円。タウンユースから小旅行、ハイキングまで◎
- **PANTS** 春から秋まで使用できるトレッキングトラウザーズ Abisko Midsummer Trs W Short 2万4200円

スタッフ 杉山妙子さん

取り扱いブランド
- フェールラーベン（スウェーデン）

お出かけSTYLE
取り扱いブランドからキャンプファッションをセレクト

- **TOPS** UPF50+の素材のカットソー。モックネックでオーバーサイズが現代的。1万9800円（F/CE.）
- **ONE PIECE** South2 West8の花柄ワンピース 1万5400円
- **SHOES** スイコーク パープルレーベルのスプリットトゥサンダル 1万9800円

プレス 中山愛彩美さん

- アルミニウムケトル 5940円
- ノルディスクのスリーピングバッグ 2万2000円。ブランケットタイプで暖か
- ノルディスクのチタンウォールマグ（450ml）1万450円
- ブランド最軽量のソロタープ、ヴォス5。4万7300円。折りたたむと手のひらサイズになる

NORDISK CAMP SUPPLY STORE BY ROOT
ノルディスク キャンプ サプライ ストア バイ ルート

ノルディスクのコンセプトストア

デンマークが誇るアウトドアブランド、ノルディスクのオフィシャルコンセプトストア。ノルディスクを中心に世界のアウトドアブランドをセレクトしている。キャンプシーンに合うアパレルも多数扱っている。

Map P.119-B3 千歳船橋

世田谷区粕2-21-17 ☎08-5429-6909 11:00～19:00、土・日・祝10:00～ 月（祝日の場合は翌日） 小田急線千歳船橋駅南口から徒歩8分

取り扱いブランド
- ノルディスク（デンマーク）
- F/CE.（オリジナル）
- ノースフェイス
- South2 West8 など

フェールラーベンでは、購入したカンケンバッグにオリジナルの刺繍をしてもらえます（880円）。3種類から選べて、私はダンラナホース柄がお気に入り！（東京都・なおみ）

スタイルでお出かけ

最近、北欧のアウトドアブランドがアツい！次々と新たなブランドが進出してきている。デザイン性の高さもあり、おしゃれキャンパーやハイカーたちに大人気。

最新北欧ブランドがずらり
UPI 表参道
ユーピーアイオモテサンドウ

スウェーデンやフィンランドなどの北欧を中心としたセレクトショップで、日本ではあまり見かけないブランドばかり。「体験型アウトドアショップ」をテーマとする店内には自然の森が再現され、小川も流れている。

Map P.123-B4 表参道
渋谷区神宮前4-9-3 ☎03-6804-1817
11:00〜19:00 無休 地下鉄表参道駅A2番出口から徒歩3分

スウェーデン、ラップランド生まれのコーヒーブランド、lemmelのククサ1万3200円

ノルウェーのハンドメイドナイフ、HELLEのナイフ、ハーディング1万4190円

スウェーデンのカトラリーブランドwildoのセット、キャンプボックスライト1760円

wildoの水筒、ハイカーボトル各1650円

取り扱いブランド
- PODSOL（スウェーデン）
- wildo（スウェーデン）
- lemmel（スウェーデン）
- HELLE（ノルウェー）
- SASTA（フィンランド）
など

お出かけSTYLE
キャンプから低山のハイキングまでOK！

HAT lemmelのビーニー 4950円

BAG スウェーデンのフィッシングブランド、PODSOLのスリングバッグ 8800円

OUTER フィンランドのアウトドアブランド、SASTAのマウンテンパーカー、Fauna takki 3万4650円

PANTS SASTAのイエロウィメンズ トラウザー 2万9700円

スタッフ 沖本琴音さん

北欧アウトドアスタイル

お出かけSTYLE
HOUDINIをメインにコーディネート。街歩きのほか簡単なハイキングも

INNNER ノルウェーのデザインウールマリウスのメリノウールインナー 1万7600円

ONE PIECE 柔らかな軽量ポリエステル生地を使ったルートシャツ ドレス 2万2000円

PANTS 速乾性、伸縮性を備えたエアリアル パンツ 2万2000円

スタッフ 角倉百々子さん

NORRØNAの軽さと防水性を備えたビティホーンドライ1ジャケット 3万5200円

NORRØNAのコットンTシャツ 6380円

取り扱いブランド
- NORRØNA（ノルウェー）
- HOUDINI（スウェーデン）
- POC（スウェーデン）
など

ゴアテックスを使用したフォルケティンジャケット 6万3800円。こちらもNORRØNA

オリジナルのプラスチックマグ 880円

老舗アウトドアショップ
FULLMARKS 代官山店
フルマークス ダイカンヤマテン

ノルウェーのノローナ NORRØNAやスウェーデンのフーディニ HOUDINIなど、機能性とデザインを両立した知る人ぞ知る北欧ブランドがメイン。動きやすくて速乾性も抜群のフーディニは、タウン着にもぴったり。

Map P.120-C1 代官山
渋谷区恵比寿西1-30-16 B1 ☎03-3461-2272 12:00〜20:00 火 東急東横線代官山駅東口から徒歩3分

OUTDOOR

UPI表参道では、レジでクラフトビールのドラフトを販売している。

日本語でオーダーできちゃう！
現地から北欧をお取り寄せ

FOODS

ビルベリーという野生種のブルーベリーを使ったTorfolk Gårdのブルーベリージャム 1512円 **E**

北欧のビルベリーはポリフェノールの一種、アントシアニンを多く含み、眼精疲労や老化防止に効果あり！

おやつにピッタリなひと口サイズのシナモンロール €3.5 **C**

ノルウェー産のニシンを漬け込んだ、オリジナルのスモークニシン 1296円 **E**

GOODS

Finlayson™ © Finlayson Oy

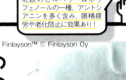

人気シリーズELEFANTTIの触り心地のいいぬいぐるみ 4180円 **F**

iPhoneケース 3850円。砂糖をイメージしたSokeriは人気のデザイン **B**

デザイナーのライナ・コスケラが幼い頃に遊びに行った友人宅のカーテンがモチーフ。

持っているだけで気分が上がるFloraのトートバッグ 3960円 **B**

TABLEWARE

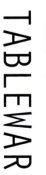

1966〜1973年発売のNUUTAJÄRVI FLORAのグラス €54 **A**

※2021年9月9日現在、€1=約130円

独特な風合いが人気のアラビアのRuskaコーヒーカップ €35 **A**

グスタフスベリのRED ASTERの復刻版プレート28cm 1万4300円 **D**

スティグ・リンドベリ（→P.63）によるデザイン。ASTERとは、北欧で咲くキク科の花の一種。

KOSTA BODAの人気シリーズ、MINEのプレート 3300円 **D**

熟練の職人が手吹きしたOrreforsのワイングラス 7700円 **D**

スウェーデン屈指のガラスブランド。ワイングラスはノーベル賞の晩餐会にも使用されている。

Kauniisteのテキスタイルのポスターもかわいくておすすめです。（茨城県・rie）

現地のアイテムや食料品を日本語でオーダーできる、便利なオンラインショップ☆
語学に自信がない人でも安心なショップをセレクト！

フィンランドの定番。ヘーゼルナッツとクリスピーが入ったGeishaチョコレート€6.2 C

最高級のノルウェーサーモンを使用した、Troll社のペッパースモークサーモン3888円 E

フィンランドの国民的お菓子といえばこちら。サルミアッキのグミ €1.5 C

サルミアッキとは、香草のリコリスを塩化アンモニウムで味付けしたもの。クセのある独特な味わい。

フィンランドの人気のきのこ、カンタレッリの粉末スープ€3.2 C

Moomin ruusutarhaのピローケース4950円。ムーミンママとローズガーデンがテーマ F

フィンランド語で日曜日を意味するSunnuntaiのクッションカバー3960円 F

花に囲まれて鳥たちがゆっくりと休憩している様子をかわいらしく表現したテキスタイル。

CORONNAの鍋つかみ 2530円
Finlayson™ © Finlayson Oy

©Moomin Characters™

グスタフスベリで高い人気を誇るベルサのコーヒーカップ＆ソーサー 1万5950円 D

2009年発売のユーズド商品。シエスタムーミンマグカップ €108 A
©Moomin Characters™

KOSTA BODAのシンプルで使いやすいBRUKのグラス。2ピースセット3300円 D

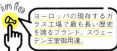

約2年間のみ生産されたレアなアラビアのKrokusピッチャー€290 A

ヨーロッパの現存するガラス工場で最も長い歴史を誇るブランド。スウェーデン王室御用達。

Online Shop List

北欧をお取り寄せ

A Astialiisa アスティアリーサ
フィンランドのアンティーク専門店／実店舗あり

状態のいいアンティークがお手頃価格でゲットできると評判。イッタラ、アラビア、ムーミンなど有名なフィンランドブランドの食器が揃う。

Runeberginkatu 59 Helsinki, Finland　webshop@astialiisa.fi　www.astialiisa.jp

B Kauniste カウニステ
ポップなテキスタイルブランド

北欧在住のイラストレーターが手がけたカラフルなデザインが魅力。高品質のリネンを使ったエプロンやキッチンタオルなど、日常生活で使える商品を展開する。

kauniste.jp

C ノルディス
老舗ギフトショップ／実店舗あり

日本人が経営する30年以上続くヘルシンキのおみやげ店。フィンランドの食料品、コスメ、食器など取り扱うアイテムが豊富。ビンテージのムーミンの食器にも注目！

Eteläinen Rautatiekatu Helsinki, Finland　shopnordis@gmail.com　www.nordishelsinki.fi

D コスタ ボダ オンラインストア
北欧インテリアのオンラインショップ

スウェーデンのガラスブランド、KOSTA BODAとOrreforsのオンラインショップを運営。ほかに、グスタフスベリなど有名な北欧ブランドも扱う。

03-6427-6120　info@kotte.co.jp　www.kostaboda.co.jp

E アクアビットジャパン
北欧グルメを直輸入！

北欧4カ国とアイスランドから輸入した食品をオーダーできるオンラインショップ。オリジナルの商品がおすすめ。グルメのほか、雑貨も揃う。

03-3408-4778　www.aquavitjapan.jp

F Finlayson フィンレイソン
老舗テキスタイルブランド／実店舗あり

フィンランドのタンペレで創始し、200年以上の歴史を誇る。日本版の公式ウェブショップでは、本国のアイテムだけでなく、日本オリジナル商品も販売。

Eteläesplanadi 14　Helsinki, Finland　www.finlayson.jp

Astialiisaのオンラインショップで€90以上注文した場合、国際配送料が無料になる。

フィンランドとスウェーデンの海を挟んだ向かいに位置するバルト三国。中世の伝統的なアイテムや北欧デザインに影響を受けたモノが手に入る、コアなショップにフィーチャリング！

バルト三国とは？
バルト海沿岸に位置する、エストニア、ラトビア、リトアニアの3ヵ国。フィンランドの首都ヘルシンキからエストニアまでは船で約2時間。

リネン

リトアニアの森をイメージした陶器ブローチ

ほとんどが一点物もしくは少数のみ

レモンイエローのボックス型ワンピース

薄いブルーのチェックのセットアップとストール

インディゴブルーの肩紐オールインワン

リトアニアの木製コースター各770円。細かい模様や形がすてき

リネンアイテムがずらり
Labdien
ラブディエン

リトアニアのリネンと雑貨の店。昔から繊維業が盛んなリトアニアのリネンは丈夫で柔らかいのが特徴。一点物のリネンの洋服は1万1000円〜。色、形とも豊富で、着心地も抜群。リトアニアで買いつけた民芸品やアーティストの作品も揃う。

Map P.120-C1　五反田
☎品川区西五反田4-1-2 山手通沿い1F ☎03-6426-1148 ⏰13:00〜19:00 休月、その他不定休 🚇東急目黒線不動前駅から徒歩5分

乙女心をくすぐる雑貨店
LITEN BUTIKEN
リーテン ブティケーン

カフェ併設のビンテージショップ。バルト三国をはじめ、東欧や北欧から買い付けた食器、オーナメント、アクセサリー、文房具などがセンスよくディスプレイされている。北欧のビンテージも扱う。

Map P.119-B3　赤堤
☎世田谷区赤堤5-34-2 ☎03-6379-3768 ⏰12:00〜20:00、土13:00〜21:00、日・祝〜21:00（祝日の場合は営業）休月・水 🚇京王線・東急世田谷線下高井戸駅東口または京王線桜上水駅南口から徒歩7分

キュートなバルト雑貨にひとめぼれ♡

アンティーク

エストニアの民族衣装を着た少女のコルク各1200円

洋服のワンポイントになりそうなラトビアのデッドストックのビーズ各100円

ラトビアのビンテージの置物。2990円（右）、1880円（左）

タリンの町並みや民族衣装を着た人が描かれたピンバッジ各550円

エストニアから来ました♡

鮮やかなスカートが目を引く民族衣装を着た木製人形1650円

併設のカフェではキャロットケーキ500円を提供！

リガコレクションでは、リトアニアをはじめとするバルト三国やフィンランド旅行の手配も行っている。

69

裏aruco 独断取材スタッフのTALK

「私たちの密かなお気に入りはコレ！」

編集者が取材先で仕入れた、本当は誰にも教えたくない
隠れた北欧のとっておき情報を公開！

ザリガニパーティが東京で楽しめちゃう！

ザリガニパーティとは、家族や友人とザリガニ料理をお酒と一緒に楽しむ、スウェーデンの夏の風物詩。なんと東京の北欧レストランでもザリガニが味わえる！ 提供についての詳細は各店舗に問い合わせを。（編集T）

レストランストックホルムでは北海道産のザリガニを提供

レストラン ストックホルム → P.72
ALLT GOTT → P.73
桃と蓮 → P.97

日本で唯一ラップランドの名物チーズが手に入る！

チーズ専門店のLAMMASでは、フィンランド人が愛するチーズ、レイパユーストを販売。チーズを形成してから約360℃の高温で焼き目をつけており、ミルクの甘い味わいと独特の食感が特徴。温めて食べるとさらにおいしさアップ！（編集Y）

LAMMAS 三軒茶屋本店

Map P.120-C1　三軒茶屋
⚑世田谷区下馬2-20-5 ☎03-6453-2045 ⏱13:00～19:00、土・日・祝12:00～ ⏸月・木、祝日の翌日（祝日の場合は営業）🚇東急田園都市線・世田谷線三軒茶屋駅南口Aから徒歩7分

仕入れ状況は事前にお店にチェックしよう！

アンデルセン公園で老舗紅茶をゲット！

ふなばしアンデルセン公園に行ったらぜひギフトショップで手に入れてほしいのが、A.C.パークスの紅茶。デンマーク王室御用達の1835年創業の老舗紅茶ブランドで、日本で店頭販売しているのはレア！（編集T）

厳選した高級な茶葉を使用した奥深い味わい

ふなばしアンデルセン公園 → P.32

リサ・ラーソンのイラストがワインのラベルに♡

TONKACHI, 6 (→P.54) を運営する、トンカチがリサ・ラーソンをはじめとするデザイナーのアートラベルを用いた特別仕様のワインを発売。数々の賞を受賞したスウェーデンのワイナリーが手がけている。（編集Y）

リサ・ラーソンのスパークリングワイン
(Josefine lust 2019)
7150円

人気北欧ベーカリーのパンを使ったサンドイッチがうまい！

谷中にある人気の喫茶店「カヤバ珈琲」では、VANER (→P.85) のパンを使った、たまごサンド1000円が食べられる。FUGLEN TOKYO (→P.81) のコーヒーもあり、レトロな店内で北欧の味が楽しめる。（編集T）

看板メニューのたまごサンド

カヤバ珈琲
Map P.124-B1　谷中
⚑台東区谷中6-1-29 ☎03-5832-9896 ⏱8:00～18:00、土・日・祝～19:00 ⏸無休 🚇JR日暮里駅南改札口から徒歩7分

あのABBAが40年ぶりに活動再開♪

「ダンシング・クイーン」などで有名なスウェーデンの4人組グループ、ABBA。活動休止した1982年から約40年ぶりに復活&ニューアルバムのリリースを発表。4人の歌声、待ちきれません……！（編集U）

2021年11月5日世界同時発売！

© Baillie Walsh

本場もびっくりな
名店揃い！

じんわりおいしい北欧発祥グルメをいただきまーす！

定番のサーモンやミートボール、シナモンロールはもちろん、
ハイレベルなコースメニューや、こだわりコーヒーにクラフトビールなど、
東京で楽しめる北欧グルメは意外にたくさんあるんです。
どこもおしゃれで居心地がいいのも北欧好きにはうれしいポイント♡

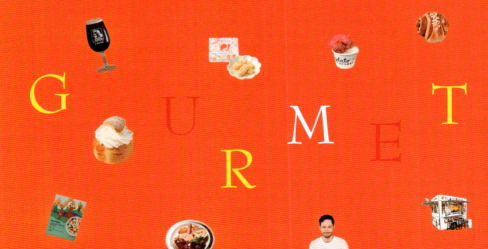

本場並みのハイレベル揃い！東京で味わう北欧料理

60種類以上の料理から好きな物をチョイス！

スモーガスボードディナー 4980円
サーモンやニシン、ミートボールなど北欧を代表する料理がずらり。ザリガニなど季節限定の料理も登場する

Scandinavian food
スモーガスボード
テーブルに並ぶ前菜、メイン、デザートから好きな料理を取る。バイキング料理のルーツ。

第1の皿

冷製魚介の前菜
北海道阿寒湖産ザリガニの塩茹でに、ノルウェー産ニシンやサーモンのマリネなど全5種

第2の皿

冷製肉料理
ローストビーフや鶏もも肉の香草蒸で、牛と豚のレバーパテなど6種の肉料理が揃う

How to eat

1〜5まで、コース料理を食べるように取るのが◎。温冷を一緒に盛るのはマナー違反。

第3の皿
サラダ
ビーツの酢漬けや赤キャベツの酢漬け、オリジナルポテトサラダなど季節のサラダが味わえる

第4の皿

温かい料理
スウェーデンのごちそう、ジャガイモをアンチョビのクリームで煮込んだヤンソン氏の誘惑やミートボールなどが揃う

第5の皿

デザート
セムラやりんごとアーモンドの焼き菓子、カシスのヨーグルト、ガトーショコラなど盛りだくさん！

本場スウェーデンのバイキング料理
レストラン ストックホルム

1971(昭和46)年のオープン以来、本場スウェーデンの味を伝え続ける伝説の店。スウェーデン伝統のスモーガスボードが食べられるのは、現在でも日本でここだけ。熟練のシェフが作る料理は、どれも繊細な味わい。

Map P.120-B2 赤坂
🏠千代田区永田町2-14-3 東急プラザ赤坂 1F
📞03-3509-1677 🕐17:00〜23:00、土11:30〜15:00/17:30〜23:00、日・祝11:30〜15:00/17:30〜22:00 🚫火 🚇地下鉄赤坂見附駅外堀通り口または地下鉄永田町駅8番出口より徒歩すぐ

店内の中央にスモーガスボードのテーブルがある。何度取りに行ってもOK

お皿に盛りすぎないのがスマートです

レストラン ストックホルムのカトラリーやプレートには、スウェーデンのスリークラウン(3つの王冠)マークが入っていてかわいいです!(東京都・タモン)

東京には、多くはないものの北欧料理を提供する店がある。レジェンドクラスの老舗からニューオープンのカフェまで、北欧の味が楽しめるお店をピックアップ！

Scandinavian food
鹿肉のロースト

脂身が少なくヘルシーな鹿肉をシンプルにグリル。ベリーソースをかけて食べるのが北欧流。

ヤンソン氏の誘惑

鹿肉のロースト

仔鹿肉のロースト リンゴンベリーソース 2800円

じっくりと火を通した鹿肉は、柔らかくて臭みもない。さわやかなソースとも好相性

スウェーデンを代表する人気料理2品の組み合わせ☆

東京で味わう北欧料理

自家製ニシンのマリネ / ノルウェー産のスモークサーモン / スカンジナビア産ボイル甘えび

ディナーコース4500円の前菜
ニシンやサーモン、甘エビなど、北欧の魚介を使った冷前菜

Drink
料理に合わせるのは、スウェーデン産のアクアヴィットやワインがおすすめ

鹿肉のローストの付け合わせ。アンチョビとポテトを重ね焼きしたグラタン料理。断食中のヤンソン氏ですら口にしたというのが名前の由来

スウェーデン料理を親しみやすく
ALLT GOTT
アルトゴット

スウェーデンの料理をカジュアルに味わえる。伝統的なレシピをベースにアレンジされた料理は、日本人の口にもぴったり。ディナーはアラカルトのほかコース4500円～でも提供。ランチ2000円～での利用もおすすめ。

Map P.124-A2
吉祥寺
🏠武蔵野市吉祥寺本町2-28-1 2F ☎0422-21-2338 ⏰11:30～14:45/17:30～21:30 休月・木（祝日の場合は営業）🚉JR・京王井の頭線吉祥寺駅アトレ本館口から徒歩6分

ダーラヘストやコスタボダのキャンドルスタンドなどインテリアも北欧風

ALLT GOTTのメインの付け合わせは日によって変わる。ヤンソン氏の誘惑でない場合も。

見た目も美しい フラワーショップのオープンサンド

フリカデラ 1100円
デンマーク風のミートボールがフリカデラ。レッドオニオンのピクルス、オニオンフライをオン

サーモンアンドエッグ 1100円
スモークサーモンと卵の組み合わせ。ハーブやエディブルフラワーがアクセントに

デンマークではランチの大定番

Scandinavian food
スモーブロー（オープンサンド）
ライ麦などのパンにたっぷりの具材をのせたスモーブローは、デンマークのソウルフード。

Dessert

ドリームケーキ 800円
スポンジケーキにキャラメリゼしたココナッツがのった伝統スイーツ。本日のブレンドティーは900円

ショップ定番のオリジナルフラワーボックス。Sサイズ4620円〜

カフェのすぐ隣がフラワーショップになっている

花の香りの中でカフェランチ
Nicolai Bergmann Nomu
ニコライ バーグマン ノム

デンマーク生まれのフラワーアーティスト、ニコライ・バーグマンのショップに併設したカフェ。すぐ隣がフラワーショップだけにいつも花の香りに包まれていて気分が上がる。インテリアもデンマークデザインにこだわっている。

Map P.123-C4 青山

🏠 港区南青山5-7-2 ☎03-5464-0824 ⏰10:00〜19:00
休 不定休 🚇地下鉄表参道駅B3番出口から徒歩2分

カフェの壁一面に植物が飾られている。SNS映えも抜群

オーガニックチョコレート店もチェック！
カフェの目の前に、系列のチョコレートショップ「Summer bird ORGANIC」がある。デンマークのショコラティエが作る、北欧の自然をイメージしたチョコレートが人気。

青山の中心にありながら、緑に囲まれている

Nicolai Bergmann Nomuの紅茶は、デンマークの紅茶ブランド、A.C.パークスのものです。（東京都・シホ）

白樺のカフェでいただくサーモン料理のワンプレート

KOIVE プレート
2530円

人気のフィンランドの料理をプレートに。すべての料理に白樺の樹液を使っている

飲める白樺の樹液

北欧風サーモンミルクスープ

東京で味わう北欧料理

フィンランド風ビートルートパン

サーモンソテーと季節野菜のグリル

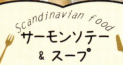

Scandinavian food
サーモンソテー & スープ

シンプルなサーモンのソテーとスープ（ロヒケイット）。現地のカフェやレストランでも定番。

ヘルシーなメニューが揃ってます

Dessert

コケモモとミックスベリーの北欧風タルト 880円

ベリーたっぷりのタルトと、北欧紅茶880円の組み合わせ

入口には白樺の森。森を抜けて階段を上るとカフェがある

銀座の一角にある白樺の森
KOIVE CAFE
コイヴ カフェ

YOSEIDOが展開するコスメブランド「KOIVE」直営のカフェ。フィンランド語で「白樺」という意味の造語で、健康や美肌にいい白樺の樹液を使った料理やスイーツが味わえる。メニューはほとんどが北欧にちなんだもの。

Map **P.121-B3** 銀座
🏠 中央区銀座4-5-1 聖書館ビル 2F ☎ 03-6263-2959
🕐 11:00〜20:00 ㊡無休 🚇地下鉄銀座駅B2番出口から徒歩2分

フォトジェニックスポット発見☆

インスタ映えすると人気のボックス席

店内には暖炉をイメージした席もある

1Fのコスメ店もチェック！

1階はKOIVEのナチュラルコスメショップ。白樺の樹液を使った基礎化粧品が各種揃う。地下1階のイベントスペースでは不定期でモルックも体験できる（→P.41）

KOIVE CAFE1階の入口にある白樺の森には樹液採取口なども再現されている。

イケア食材をアレンジして Let's おうちパーティ♪

北欧では気軽に友達を招いてホームパーティをよくするそう。イケアの食材を使えば、簡単にできて盛り上がるおもてなし料理が作れちゃう！

ミートボールパスタ
肉不使用のプラントボールを使ったパスタ料理

Plant balls

使用したイケア食材

ミートボールの味と食感を再現した植物由来のプラントボール699円

ヘラジカの形をしたキュートなパスタ499円

フライドオニオン299円。ハンバーガーやホットドッグのトッピングにもグッド！

材料/4人分
- プラントボール……24個（3/4袋）
- パスタ（調理前）……200g
- 塩……適量
- 胡椒……適量
- 市販のトマトソース……適量
- サワークリーム……適量
- ニンジン……1本
- 油……大さじ4
- フライドオニオン……適量

Recipe
1. ニンジンを2cmぐらいにカット
2. ニンジンに油を加えて、塩と胡椒で味付け
3. 2を200℃のオーブンで20分焼く
4. プラントボールをオーブン、電子レンジ、フライパンのいずれかで温める
5. パスタをゆでる
6. パスタを皿に盛り、プラントボール、オーブンで焼いたニンジン、トマトソース、サワークリーム、フライドオニオンをお好みで盛り付ける

北欧流のパーティフード＆デザートをいただきます！

イケアの食材を使って北欧の定番料理を簡単に再現できるレシピに挑戦してみよう。レシピの黄色マーカーの材料がイケアの商品。

Salmon salad

サーモンサラダ
定番食材のサーモンはシンプルにサラダでいただこう

使用したイケア食材

身が締まって脂がのったサーモンフィレ1299円

質の高いスウェーデン産菜種を使った菜種油899円

材料/4人分
- サーモンフィレ……250g
- レタス……1/2個
- ベビーリーフ……1パック
- 黄パプリカ……1個
- 赤パプリカ……1個
- 紫タマネギ……1個
- 菜種油……適量
- 塩……適量
- あらびき胡椒……適量
- ブロックチーズ……適量

Recipe
1. 塩・胡椒で味付けしたサーモンフィレをフライパンで焼く
2. ベビーリーフ、レタス、パプリカを食べやすい大きさにカット。紫タマネギはみじん切りに
3. お皿に野菜を盛り付け、その上に焼いたサーモンフィレをトッピング
4. 菜種油とブロックチーズをふりかけて味付けする

イケアのシナモンロールは温めるだけで楽チン！私の定番おやつです。（神奈川県・risa）

ポリッジ

お粥として親しまれているポリッジをオーブン焼きにしてデザートに！

イケア食材をアレンジ

Opensand

オープンサンド

ワッフルを使ってひとひねり加えたオープンサンド

材料/4人分
- ワッフル……1箱（12個）
- むきエビ……125g
- マヨネーズ……100g
- 魚卵……適量
- レモン(薄切り)……1個
- ディル……適量

Recipe
1. ワッフルを温める
2. ワッフルにエビを3〜4尾、マヨネーズ、魚卵の順にトッピング
3. 上からレモンを絞り、刻んだディルを散らす

使用したイケア食材

ワッフル699円の生地は甘くないので総菜系でもイケる！

ゆでて急速冷凍させたむきエビ899円

材料/4人分
- ポリッジミックス……400cc
- リンゴ……2個
- ヘーゼルナッツ……1cc
- タマゴ……1個
- 牛乳……400cc
- ハチミツ……大さじ2
- シナモン……小さじ1
- 塩……1cc
- カルダモン……小さじ1/2
- バニラパウダー……小さじ1/2
- バターまたは菜種油……大さじ1

Recipe
1. オーブンを200℃に温めておく
2. リンゴを1個すりおろし、もう1個は薄くスライス。ヘーゼルナッツを粗めに刻む
3. スライスしたリンゴとヘーゼルナッツ以外の材料をボウルに入れて混ぜる
4. バターまたは油を塗った耐熱皿に3の生地を流し込む。上にリンゴのスライスとヘーゼルナッツをのせ、シナモンをかける
5. オーブンの中段で20〜30分焼く。ポリッジが固まり、端っこがきつね色になったら完成

使用したイケア食材

全粒オーツ麦や全粒小麦フレークなどが入ったポリッジミックス 399円

Pancake

パンケーキ

スウェーデンではクレープのような薄いパンケーキが主流

材料/4人分
- パンケーキ……1パック
- 生クリーム……150cc
- サワークリーム……150cc
- ハチミツ……大さじ1
- ストロベリージャム……適量

Recipe
1. 電子レンジまたはオーブンでパンケーキを温める
2. 生クリーム、サワークリーム、ハチミツを混ぜて、もったりするまで泡立てる
3. パンケーキに2のクリームとジャムをお好みでトッピング

使用したイケア食材

モチモチ食感がアクセントのパンケーキ799円

全都市型店舗で買える

イケア

DATAは→P.51〜53

北欧から輸入された食材も充実！ ウェブサイトでは、北欧料理のレシピを公開している（URL www.ikea.com/jp/ja/stores/restaurant/recipes-puba778e4a0）。

こちらもおすすめ☆ 定番商品

付け合わせやつまみ食いにおすすめしたい商品はこちら！

食べながら学べるバニラ風味のIKEAアルファベットビスケット 299円

ミートボールの定番の付け合わせ、リンゴンベリージャム 599円

ブレンドした穀物を使ったクラッカー状のパン。マルチグレインクリスプブレッド 459円

人気のミートボールは、サーモンボールやベジボールなど種類が豊富。

クラフトビールで乾杯☆北欧発のビアバーへ

現在、世界中で大ブームのクラフトビール。北欧3ヵ国のマイクロブルワリーで作られるビールを、日本へと直輸入したビアバーがこちら！苦みの少ない北欧のビールは、普段ビール派でない人にもおすすめ。

店名の「ØL」とはノルウェー語でビールのこと。首都オスロから直輸入するハウスビールのほか、日本各地のクラフトビールが20種類ほど揃う。北欧デザインで統一された店内は、北欧家庭のリビングのような居心地のよさ。

人気のビール

ØL Tokyoの定番、オスロラガー。フルーティーで飲みやすい1200円（大）

ビールはオリジナル類前後揃う種類前後揃う

豊潤な香りと口当たりのいいスパークリングラガー1100円（大）

外にはメキシカンのフードトラックがあり、ビールと一緒に味わえる

ØL Tokyo オルトウキョウ
クールなビアバー
SCANDINAVIAN & JAPANESE CRAFT BEER BAR
NORWAY

Map P.122-C2
渋谷
渋谷区宇田川町37-10　03-5738-7186　12:00〜24:00、金〜翌2:00、土12:00〜翌2:00、日12:00〜　無休　JR渋谷駅ハチ公口から徒歩8分

おつまみ
1. ノルウェーのヤギチーズ、ブルーノスト500円
2. タコス2個850円。味は全部で7種類

昼間から飲んでいく人でたくさん！

ØL by OSLO BREWING CO.

Check! おしゃれなビンテージの北欧家具がさりげなく

ØL Tokyoでは、なくなるとすぐ違うメーカーのビールを仕入れるので、いつでも新しい味が楽しめます！（神奈川県・トッキー）

Mikkeller Tokyo
ミッケラー トウキョウ

カオスな街を見ながら乾杯☆

北欧で有名なクラフトビールブランドMikkellerの日本1号店。オリジナルを含む、日本国内外の全20種類のビールをすべてタップでいただける。素材にこだわったホットドッグも美味！

Map P.122-C2 渋谷
渋谷区道玄坂2-19-11　03-6427-0793
16:00～24:00、金～翌1:00、土12:00～翌1:00、日・祝12:00～　無休　JR渋谷駅ハチ公口から徒歩8分

Check! 古い建物を活かした2階の窓際の席から渋谷の雑多な街並みを眺めよう！

2階にテーブル席がある

メニューは上から、メーカー名、商品名、種類となっている

チェリーを使用した、SPONTAN CHERRY FREDERIKSKDAL 2020 1250円

グルテンフリーの華やかなIPA。SPACE RACE GLUTEN FREE 750円

人気のビール

さわやかな口当たりのペールエール。SIDE EYES 650円

定番のラガービール。GERMAN PILS 950円

おつまみ

オーガニックのオリジナルソーセージと甘口の紫キャベツのピクルスを使用した、VIKING HOT DOG 800円

北欧発のビアバーへ

簡単！ビールの種類と用語

クラフトビール
小さな醸造所で造られるビールのこと。マイスターという職人がこだわりのビールを造る。

ラガー
発酵時に酵母が下に沈む、下面発酵で醸造されたビール。苦みがあり爽快なのどごし。

エール
発酵の際、酵母が浮かび上がる上面発酵。香りが強く、芳醇な味わい。イギリスが発祥。

スタウト
黒ビールのこと。焙煎した麦芽（モルト）を使うため、独特の苦みと香りがある。

ペールエール
「Pale」とは淡いという意味。モルトの旨みとホップの香りがほどよくバランスで飲みやすい。

IPA
インディアンペールエールの略称。ホップを大量に使っており、苦みが強く香り高い。

OMNIPOLLOS TOKYO
オムニポヨス トウキョウ

キャッチーな内装にも注目

ストックホルムで有名なクラフトビールのアジア1号店。スタンダードなビールはもちろん、フローズンマシーンを使って提供されるデザートビールも！フルーツとチョコを組み合わせたフレーバーなどユニークなビールが味わえる。

Map P.121-B3 日本橋
中央区日本橋兜町9-5　なし　15:00～23:00、土13:00～、日・祝13:00～21:00　水　地下鉄茅場町駅11番出口から徒歩すぐ

Check! 「外観と内観のギャップがナイス！」「ビールの概念やイメージを覆す」がテーマ

元うなぎ屋だった木造の建物を、外観はそのままに、内観はインパクトのある空間に改装

再活性化が進む日本橋兜町に建つ

床と壁はブルーに統一。天井は木造の屋根裏を残している

ペリクレス1200円。少し甘めのピルスナーで飲みやすい

人気のビール

ラズベリーにメープルシロップ、パンケーキの香りのデザートビール、ビアンカ1800円

Mikkeller Tokyoはランニングイベントを開催している。走り終わったあとは、ビール1杯無料！詳細はFacebookをチェック。

Part 1 北欧ルーツの日本支店

まずは、北欧に本店がある有名カフェの日本支店3店。どこも本国ならではのおしゃれな内装&こだわりのメニューで迎えてくれる。

カフェタイムは北欧の文化

スウェーデンの「フィーカ」やデンマークの「ヒュッゲ」などカフェタイムに由来する言葉で知られるとおり、北欧では1日に何度もお茶をして、家族や友人、同僚と会話を楽しむ文化がある。ひとり当たりのコーヒー消費量も世界有数。

北欧のカフェタイムを楽しめる 絶対行きたい カフェセレクション

カフェタイムを大切にする北欧。本国から日本へと進出してきた「支店系」と北欧を愛する人たちが営む「インスパイア系」、気になる店はさぁどっち?

複合商業施設のログロード代官山に店を構える

from SWEDEN

ストックホルム発のクールカフェ

SNS CAFÉ TOKYO
エスエヌエス カフェ トウキョウ

ストックホルムをはじめ、世界に7店舗を展開するブランド、SNSが経営するカフェ。本国スウェーデンのデザイナーがデザインを手がけた内装は、遊び心が効いた現代美術館のよう。フードやスイーツも本場さながらの味。

Map P.120-C1 代官山
- 渋谷区代官山町13-1 ☎03-6868-8802 ⏰8:00～18:00
- 無休 東急東横線代官山駅北口から徒歩4分

ロゴをかたどったチュロス495円
スウェーデン伝統のキャロットケーキ495円
スウェーデン式のシナモンロール330円

SNSが出店する世界7都市にインスパイアされたプレート、SNSシティプレート1540円。こちらはストックホルムのミートボール

SNSショップも注目!
カフェの隣2軒にわたるSNSのアパレルとスニーカーショップ。ハイセンスなウェアやレアスニーカーがずらり。

ニューバランス別注のオリジナルスニーカー1万4850円

ふたつの建物に分かれており、どちらもユニークな内装

1. オリジナルのダーラヘスト7260円 2. カウンターにはオリジナルのイラストや写真が飾られている 3. アアルトのチェアにオリジナルの座面を施した椅子などインテリアもすてき

FUGLEN TOKYOは外国人のお客さんも多くて、海外に来たみたいな雰囲気に浸れます。(千葉県・Yuuki)

VANER（→P.85）のサワードウブレッドにノルウェーのブラウンチーズをのせたブルーノスト670円。コーヒーはハンドドリップのPour Over 640円

From NORWAY
北欧式 コーヒーのパイオニア
FUGLEN TOKYO
フグレン トウキョウ

最高品質のコーヒー豆を使い、豆にあった焙煎、抽出方法で淹れるスペシャルティコーヒーの先駆け。ノルディックローストと呼ばれる浅煎りのコーヒーは、苦みは少なく口にすればみずみずしい果実感すら感じられる。

Map P.122-B2
奥渋谷

- 渋谷区富ヶ谷1-16-11
- 03-3481-0884
- 7:00〜翌1:00、月・火〜22:00 無休
- 地下鉄代々木公園駅2番出口から徒歩4分

カウンターやテーブルのほか、外にも席がある

絶対行きたいカフェセレクション

こだわりのコーヒーでゆっくりしてください

1. 店内にはノルウェーのビンテージアイテムがそこかしこに。すべて購入可能　2. オリジナルの焙煎コーヒーも販売している

フィンランド直輸入のコーヒー豆は200g1620円

シナモンロールやラズベリーなどのフレーバーが楽しめるジェラート。シングル450円、ダブル550円

From FINLAND
フィンランドのコーヒーチェーン
ロバーツコーヒー

フィンランド版のスタバともいえるコーヒーチェーン。直輸入のコーヒーや本場と同じレシピのシナモンロールを食べて、フィンランドへ思いをはせる。千歳烏山に第1号店が、2021年7月には麻布十番に2号店がオープンした。

千歳烏山店
Map P.119-B3 千歳烏山

- 世田谷区南烏山6-4-7 プラザ六番館101
- 03-6909-1175
- 9:00〜21:30 無休
- 京王線千歳烏山駅西改札北口から徒歩すぐ

麻布十番店
Map P.120-B2 麻布

- 港区麻布十番2-2-5 フレンシア麻布十番 サウス1F
- 03-6435-1317
- 8:00〜22:00 (L.O.21:30) 無休
- 地下鉄麻布十番駅4出口から徒歩2分

1. シンプルなインテリアで落ち着ける　2. BLTAサンドイッチプレート1050円　3. 自家製ブルーベリータルト550円、ドリップコーヒーは500円　4. ロバーツモカ（アイス）660円

ロバーツコーヒー麻布十番店は、18:00以降に「ロバーツ食堂」に変身。サーモンなどを使った定食が味わえる。

Part 2 北欧インスパイア系

お次は、北欧にひかれ、しまいにはカフェを開いてしまったという人々とお店にフォーカス！現地への愛にあふれた店で旅行気分に浸ろう。

洗練された空間でひと休み

cafe TIVOLI
カフェ チボリ

デンマークのコペンハーゲンをテーマにしたおしゃれカフェ。店内に飾られた置物や食器の多くが北欧のもの。軽食やデザートのほか、夜は約40種類の北欧のお酒も味わえる。

日替わりスープ付き！

Map P.119-B3 方南町
🏠 杉並区堀ノ内1-10-1 1F
☎ 050-5456-5065 🕐 12:00〜22:00 休水 地下鉄方南町駅1番出口から徒歩6分

1. スパイスが効いたキーマカレー700円。ドリンク付きは1200円。 2. 自家製プリン450円。ドリンクとセットで1100円 3. カウンターバーとテーブル席がある

さりげなく置かれた小物がステキ♡

ニンジンの食感とシナモンが効いた生地が特徴のキャロットケーキ432円

スウェーデンの誕生日ケーキの定番、プリンセスケーキ540円

季節限定のスイーツもあります

カウンターでおしゃべりしながらフィーカタイムを過ごそう

ダーラヘストなどかわいいクッキーもたくさん。1袋270円

スウェーデンのお菓子ならここ

FIKAFABRIKEN
フィーカファブリーケン

スウェーデンのカフェ文化「フィーカ」を広めたいという目的で始めたカフェ。オーナーは、スウェーデン留学でカフェに目覚めたという関口さんと、スウェーデン人のアダムさん。現地で食べ歩いた味を再現したというスイーツの数々が味わえる。

Map P.119-B3 豪徳寺
🏠 世田谷区豪徳寺1-22-3 ☎ なし
🕐 12:00〜18:00 休火・水 小田急線豪徳寺駅または東急世田谷線山下駅から徒歩2分

カウンターの奥にカフェスペースがある

82　FIKAFABRIKENでは、毎年2月になるとセムラが登場します。（東京都・りんりん）

フワフワ食感の
キエロの
フルーツサンド
700円

スタイリッシュな内装

※フルーツは季節変わり

コーヒー豆の販売もある

絶対行きたいカフェセレクション

こだわりの
スペシャルティコーヒーを

KIELO COFFEE
キエロ コーヒー

オーナーがフィンランドで飲んで感動したという、浅煎りコーヒーを6〜8種類の豆から選んで味わえる。北欧によくあるコーヒースタンド形式で、訪れたらまずカウンターでメニューを注文してから席に着こう。

Map P.121-A3 秋葉原

台東区台東1-29-4 第一共和ビル1F ☎03-6284-4724 ⏰8:00〜18:00、土・日9:00〜 無休 地下鉄秋葉原駅1番出口から徒歩5分

1. 甘さ控えめな自家製チーズケーキ500円 2. ハンドドリップコーヒーはビーカーで提供 3. ハンドドリップのコーヒーは500円。豆を数種類から選べる

シナモン
ロールも
おすすめ！

フィンランドの
「かわいい」が詰まった

kielotie
キエロティエ

フィンランドを愛する人々が集う、カフェ兼文化体験スペース。食器はイッタラやアラビアで統一され、メニューもすべてフィンランド流。ベンチにはムーミンが座り、クッションはマリメッコ、壁にはヴィヒタと、アイコニックな演出が光る。

Map P.125-A4 荻窪

杉並区荻窪5-16-20 SNビル2F ☎03-5335-7793 ⏰14:30〜22:00、日・祝〜20:00 不定休 JR荻窪駅西口から徒歩すぐ

1. フィンランド風オリジナルホットドッグ770円（ビール付きは1450円） 2. フィンランド直輸入の雑貨も販売している 3. アラビアのレアな企業コラボマグ

ひとり当たりのコーヒー消費量が世界トップクラスの北欧。日本の3.59kgに対してノルウェーは8.65kg、フィンランドは約12kg！

83

aruco調査隊が行く!! ②

マスターすれば北欧っ子になれる!?
シナモンロールを極めよう

Cinnamon Roll

北欧の定番パンであるシナモンロールは、スウェーデンが発祥の地。食べ比べたり、現地のレシピに挑戦したり、シナモンロールのいろはを学んで目指せシナモンロールマスター!

極める 01 10店舗食べ比べ

日本のベーカリーやカフェでも、北欧っ子も驚きの本格派シナモンロールが食べられる! 見た目や味が店ごとに異なるのもおもしろい!

VANER →P.85
サワードウブレッドのシナモンロール。味わい深い。300円

シナモン：★★
甘さ：★
食感：もっちり

Pain au Sourire →P.84
フィンランド人直伝レシピ

フィンランド人から教えてもらったレシピを再現している。280円

シナモン：★★
甘さ：★★★
食感：さっくり

ムーミンベーカリー＆カフェ →P.88
大人な味

ラム酒入りのシナモンバターを使用したシナモンプッラ194円。カルダモン入り

シナモン：★
甘さ：★★★
食感：ふっくら

ライ麦ハウスベーカリー →P.85
味も形もフィンランド伝統のもの。甘さは控えめ。250円

シナモン：★★★
甘さ：★
食感：しっとり

極める 02 シナモンロールの違いを学ぶ

発祥の地スウェーデン、お隣のフィンランド、アメリカの3ヵ国では、シナモンロールの見た目や味が異なる。それぞれの特徴を解説!

食べ比べてみなくっちゃ!

Finland

アメリカ式
日本の一般的なシナモンロールといえばこちら。アメリカでも定番の菓子パンは、砂糖をたっぷり使っており甘いのが特徴。アイシングもたっぷりかかっている。

U.S.A.

スウェーデン式
スウェーデン語でカネールブッレKanelbulleといい、kanelはシナモンを意味する。渦巻きタイプとねじって巻いたタイプがあり、カルダモンを使用しており、甘さ控えめ。

Sweden

フィンランド式
フィンランド語でコルヴァプースティkorvapuustiと呼ばれている。パンチされた耳という意味のとおり、つぶされたような形をしている。材料や味はスウェーデン式とほぼ同じ。

 シナモンが苦手な私ですが、なぜか北欧のシナモンロールはやみつきになってしまいます。(神奈川県・miki)

SNS CAFÉ TOKYO →P.80
スウェーデン式のシナモンロール。ビターな甘さ。330円

シナモン：★★
甘さ：★
食感：しっとり

パールシュガーが香ばしい

スウェーデン洋菓子＆スウェーデン語絵本
Lilla Katten →P.111
渦巻き型のスウェーデン式。シナモンとカルダモンの風味が◎。200円

シナモン：★★★
甘さ：★★
食感：ふっくら

シナモンロールを極めよう

ランチにも合いそう

kielotie →P.83
シナモン、カルダモンがほんのり。すっきりした甘さ。300円～

シナモン：★★
甘さ：★★
食感：もっちり

自慢の味☆

Juhla Tokyo →P.96
Maijaさんが手捏ねで作るフィンランドのシナモンロール。400円

シナモン：★★
甘さ：★★
食感：ふんわり

FIKA FABRIKEN →P.82
渦巻き状の典型的なスウェーデン式。シナモンたっぷり。302円

シナモン：★★★
甘さ：★
食感：ふっくら

ジェラートやラスクもあるよ

ロバーツコーヒー →P.81
本国のロバーツコーヒーと同じレシピで作っている。390円

シナモン：★★★
甘さ：★★
食感：さっくり

極める 03 『かもめ食堂』のレシピをマスターする！

映画『かもめ食堂』のロケが行われたフィンランドのカフェ、ラヴィントラかもめ直伝のレシピをご紹介！

●材料（30個分）
- 小麦粉……1600g
- イースト菌……20g
- 牛乳……500cc
- 砂糖……100g
- カルダモン……小さじ2
- 卵……3個
- バター……150g
- シナモン……大さじ4
- 粒砂糖……お好みで

1 材料を混ぜる
小麦粉、イースト菌、牛乳、砂糖、カルダモン、卵を混ぜて20分寝かす。

2 生地を伸ばす
生地を1cmの厚さに伸ばしてバターを塗る。塗りすぎるとしぼんでしまうので注意！

フィンランド風シナモンロールの完成！

3 生地にシナモンをかける
砂糖少々とシナモンを振りかけ、生地を手前から巻く。素早く行うのがコツ。

4 成形する
台形にカットし、辺の短いほうを上にして小指で押す。渦巻きがパカッと開けばOK！

5 オーブンで焼く
つや出しの卵を塗り、粒砂糖を散らしたら、200℃のオーブンで15分焼く。

デンマークやノルウェーのシナモンロールは、かたつむり型が多い。

ムーミンの世界に浸っちゃおう♪

カフェとベーカリーが隣り

かわいくておいしい♡
ムーミンカフェ&ベーカリー

とびきりキュートな、ムーミンのカフェへ行ってみよう。子供向けと侮ることなかれ。ていねいに造られた内装は、驚くほど繊細。フードやドリンクも本格的！

原作者、トーベ・ヤンソンの姪であるソフィア・ヤンソンのサイン

ムーミンの世界観に包まれる
ムーミンベーカリー&カフェ
東京ドームシティ ラクーア店

ムーミンたちの暮らす世界にトリップできるようなカフェ。正面向かって右がカフェ、左がベーカリーとなっている。都内にあるムーミンカフェやスタンドの中でも最大の規模で、休日ともなれば熱心なファンやファミリーでにぎわう。

Map P.120-A2 後楽園

🏠 文京区春日1-1-1 東京ドームシティ ラクーア1F
☎ 03-5842-6300 🕙 10:00〜22:30（L.O.22:00）
🚫 不定休（施設に準ずる） 🚇 地下鉄後楽園駅1・2番出口から徒歩2分

外観もムーミンハウスそのもの！

人形や被り物を使って写真撮影も☆

楽しみ **1** ムーミンの
世界観に浸る♪

カフェの内装はムーミンハウスの中をイメージ。壁の色によりイメージする部屋が変わるので、どの色が誰の部屋か想像してみるのもおもしろい。
そこかしこにムーミンたちの姿が

ムーミンカフェでは、スナフキンの帽子やパパのシルクハットなどを借りて撮影ができます。（茨城県・なーちゃん）

北欧風タルタルたっぷりのサーモンフィッシュバーガー1705円。バンズの裏はムーミンのお尻になっているまんまるなおしりバーガー

ムーミン谷 木いちごジュース715円

黒糖の旨みを感じる北欧の黒パン324円。ひまわりの種がアクセントに

楽しみ 3 ベーカリーで伝統パンをGet!

ベーカリーでは、ムーミンのキャラバンのほかにもフィンランドの伝統的なパンを販売。本格的な味でびっくり!

ライ麦パンのハパンレイパ216円。塩気とほのかな甘みが感じられる

ライ麦にマッシュポテトを混ぜ込んだジャガイモパンことペルナリンプ378円～

ムーミンカフェ＆ベーカリー

楽しみ 2 映える かわいいメニュー

フードやドリンクは物語にちなんだもの!人気は、ムーミンのイラストが描かれたバーガーやカフェラテ。写真を撮るのを忘れずに。

カトラリーもムーミン

ベリーソースたっぷりの、北欧styleミックスベリーパンケーキ1320円

シルエットカフェラテ1650円（おみやげグラス付き）

東京都内のカフェ＆スタンド

まだある!

ムーミンカフェ 東京スカイツリータウン・ソラマチ店

スカイツリーの足元にあるソラマチ内。ベーカリーはないがカフェで食事やドリンクが楽しめる。

Map P.121-A4　押上

墨田区押上1-1-2　東京スカイツリータウン・ソラマチ1F　03-5610-3063　10:00～21:30（L.O.20:30）施設に準ずる　地下鉄・京成線・東武スカイツリーライン押上駅B3・A2番出口から徒歩すぐ

ムーミンスタンド サンシャインシティ店

ムーミンがテーマのカフェスタンド。人気はニョロニョロの種を使った飲むスイーツ。

Map P.119-B3　池袋

豊島区東池袋3-1　サンシャインシティ アルパB1　03-5957-0263　10:00～20:00　不定休（施設に準ずる）　地下鉄東池袋駅6・7番出口から徒歩3分

ムーミンスタンド 浅草店

ムーミンスタンドの国内12店舗目となる最新店。浅草店限定メニューや飲むスイーツが頼める。

Map P.121-A4　浅草

台東区浅草1-1-12　03-6231-7663　11:00～19:00　無休　地下鉄・東武スカイツリーライン浅草駅6番出口から徒歩すぐ

ムーミンスタンド コピス吉祥寺店

ムーミンスタンド第1号店。もちもちとした食感のニョロニョロのたねは、この店からスタート。

Map P.124-A2　吉祥寺

武蔵野市吉祥寺本町1-11-5　コピス吉祥寺A館1F　0422-23-2615　10:00～21:00　不定休（施設に準ずる）　JR・京王井の頭線吉祥寺駅北口から徒歩2分

ムーミンパパとママのスプーン各660円

楽しみ 4 カフェ限定のグッズを買う

ムーミングッズがずらり!

カフェとベーカリーのちょうど中間あたりがショップになっており、ムーミングッズが購入できる。なかにはカフェ限定のものも。

ニョロニョロ型のMCファミリーパスタスナック各432円。味はソルト、チーズ、トマト＆オニオンの3種類

©Moomin Characters™　東京ドームシティ ラクーア店の入口前には、ムーミンオリジナルのガチャガチャがある。

東京でかなう北欧周遊!? テーマ&エリア別 おさんぽプラン

リアルに北欧を周遊すると何日もかかっちゃうけれど、
東京ならコンパクトに回れて得した気分☆
ショップやカフェの店員さんと北欧トークに花を咲かせれば、
もっと旅気分が高まるはず♡

キュン♡な雑貨揃いの
青山〜裏原宿をてくてく

ハイセンスなショップやカフェが点在する青山から、個性派ショップ揃いの裏原宿へ。表参道にある最新北欧ショップ（→P.14〜19）と一緒に回ってみよう。

青山〜裏原宿さんぽ
TOTAL 4.5時間

TIME TABLE
- 13:00 doinel
  ↓ 徒歩2分
- 13:50 ボルボスタジオ青山カフェ
  ↓ 徒歩6分
- 14:30 Flying Tiger Copenhagen 表参道ストア
  ↓ 徒歩すぐ
- 15:30 ELEPHANT
  ↓ 徒歩10分
- 16:30 haluta tokyo

スウェーデンのボディケアブランド

1 少数生産のブランドが揃う
doinel 13:00
ドワネル

テーブルウェアやフレグランス、ボディケア用品などを扱うライフスタイルショップ。北欧などヨーロッパを中心としたミニマムプロダクトの製品をセレクトしており、生産者のこだわりが詰まったストーリー性のあるものばかり。

Map P.123-B4 青山
- 港区北青山3-2-9　☎03-3470-5007
- 12:00〜19:00　水休　地下鉄外苑前駅3番出口から徒歩4分

1. フィンランドのブランド、ヘクトキネンのベジキャンドル4950円　2. 白樺などの成分が入ったソープ各1980円　3. ナチュラル素材を使ったSEESのランドリービネガー各3080円　4. FRAMAのディフューザー2万2000円

2 北欧を感じるおしゃれカフェ
ボルボスタジオ青山カフェ 13:50

スウェーデンの自動車メーカー、ボルボのコンセプトストアに併設。おしゃれな店内でセムラなどのスイーツや神乃珈琲（→P.94）のオリジナルブレンドコーヒーがいただける。あまり知られていないとっておきの穴場カフェ。

Map P.123-B4 青山
- 港区北青山3-3-11　☎03-6896-1140　11:00〜17:00　水休　地下鉄表参道駅A3番出口または地下鉄外苑前駅3番出口から徒歩5分

1. コーヒーはハンドドリップ　2. テイクアウトも可能　3. セムラとコーヒーのフィーカセット1012円

3 かわいくって使い勝手も◎ 14:30
Flying Tiger Copenhagen 表参道ストア
フライング タイガー コペンハーゲン オモテサンドウストア

プチプラ雑貨で人気のFlying Tiger Copenhagenは、デンマークのコペンハーゲンが発祥。店内にはインテリアから文房具、菓子類までカラフルでアイデアあふれるアイテムがぎっしり。シーズンにより次々と商品が入れ替わるので、いつ行っても楽しい。

Map P.123-B4 裏原宿
- 渋谷区神宮前4-3-2　☎03-6804-5723
- 10:00〜20:00　不定休　地下鉄表参道駅A2番出口から徒歩2分

ストア限定もあります

大定番のクッキー缶 約20枚入り

1. デスク周りを照らすのにぴったりのライトボックス990円　2. エコバッグ330円　3. 絵の具の形をしたペンケース330円　4. 種類豊富なペーパーナプキンは各110〜165円　5. 人気の女王様クッキー、バター550円、チョコチップ350円、チョコレート350円の3つの味がある

92　ボルボスタジオ青山カフェでは、ロゴ入りのオリジナルカップを販売しています。ターコイズブルーがかわいい！（埼玉県・ナナ）

商品について解説もしてくれる

4 ELEPHANT 15:30
エレファント

スタイリッシュなアンティークなら

北欧モダンデザインを扱うビンテージショップ。現地で選りすぐったガラスや陶器は、コンディションもよく美しい。スウェーデンのエリック・ホグランの品揃えは、日本でも有数。ブレスレットやリングなどアクセサリーコレクションも秀逸。

Map P.123-B4 裏原宿
渋谷区神宮前4-14-6表参道ハイツ102 ☎03-5411-1202 ◎12:00〜19:00（月〜木は予約制）無休 地下鉄表参道駅A2番出口から徒歩5分

青山〜裏原宿

1. 1950〜70年代の名作かずらり 2. カイ・フランクのガラスも充実 3. リーサ・ハラマアのプレート1万9250円（右）、3万3000円（左） 4. エリック・ホグランのフラワーベース2万7500円 5. フィンランド、カレワラ・コルのバングル3万5750円 6. エリック・ホグランのレリーフガラス1万1000円

クールなブルーに♡

5 haluta tokyo 16:30
ハルタ トウキョウ

大型インテリアショップ

長野県軽井沢町に拠点がある、halutaの東京支店。店内には北欧の名作家具がところ狭しと並んでおり、まるで倉庫のよう。デンマークから直接コンテナで買い付けているため、種類の豊富さはピカイチ。探している家具があるならぜひ相談してみて。

Map P.123-B4 裏原宿
渋谷区神宮前2-17-6 神宮前ビル2F ☎03-6804-3331 ◎13:00〜19:00（最終入店18:00）不定休 JR原宿駅東口または明治神宮前〈原宿〉駅5番出口から徒歩10分

商品は配送もOK！

1. アルネ・ヤコブセンのセブンチェア。値段は年代やコンディションによりまちまちだが、1脚8万2500円くらいから 2. お目当ての家具が見つかるかも？ 3. 食器やオブジェなどのビンテージもある 4. 家具のほかランプも充実している 5. デンマークのイヤマちゃん人形

あっと驚く激レア商品も！

haluta tokyoでは、不定期で軽井沢にあるhaluta bageriのパンを販売している。

インテリアの街目黒で
お気に入りの北欧家具を探す

TOTAL 4.5時間

目黒さんぽ
TIME TABLE
- 13:00 Lewis
  ↓ 徒歩5分
- 13:30 andfika
  ↓ 徒歩10分
- 14:20 Factory & Labo 神乃珈琲
  ↓ 徒歩5分
- 15:30 Fusion Interiors
  ↓ 徒歩16分
- 16:30 こまものと北欧家具の店 Salut

「家具の街」こと目黒で、北欧インテリアショップをホッピング☆
有名、無名問わずさまざまな家具が揃うので、
きっとお気に入りの逸品が見つかるはず！

1 ブランドにこだわらない良デザイン
Lewis 13:00
ルイス

インテリアの相談も受け付けます

目黒のインテリアストリートを代表する、北欧系ビンテージ家具ショップ。メインは1960〜70年代のデンマークとイギリス家具で、デザイナーズものから無銘まで幅広い品揃え。シンプルだがデザイン性の高い家具は、一生愛用できそうな逸品ばかり。

Map P.120-C1 目黒
🏠目黒区目黒3-12-3 ☎03-3714-5788 ⏰12:00〜19:00 休火・水 🚃JR・地下鉄・東急目黒線目黒駅正面口から徒歩15分

1. 古いビルを改装した店内。2フロアある　2. デンマークの小物類も扱っている
3. ロイヤルコペンハーゲンのイヤーマグのコレクションも。ひとつ8800円〜
4. ロイヤルコペンハーゲン、テネラシリーズのスクエアプレート1万3200円

ムーミンのグッズも販売してます

1. これから人気になりそうなブランドも　2. ウインドーを眺めるだけでも楽しい！　3. スウェーデンのリフレクターブランド、Glimmis。各660円

2 北欧好きのオアシス
andfika 13:30
アンドフィーカ

家具からファブリック、雑貨まで、北欧デザインのグッズが揃う。フィンランドのフィンレイソンやアルテックなどの有名ブランドのほか、日本ではここでしか扱いのないレアなブランドも多数。店主の今泉さんは、北欧の現地情報にも詳しい。

Map P.120-C1 目黒
DATAは→P.60

3 日本人のための究極のコーヒー
Factory & Labo 神乃珈琲 14:20
ファクトリー＆ラボ カンノコーヒー

心を込めて淹れてます

店内に焙煎機を備えたスペシャルティコーヒーが味わえる。1杯ずつていねいに抽出されたコーヒーは「日本人による日本人のためのコーヒー」。3種類のオリジナルブレンドのほかシングルオリジン、水出しのアイスコーヒーもある。軽食メニューも揃う。

Map P.120-C1 目黒
🏠目黒区中央町1-4-14 ☎03-6451-2823 ⏰9:00〜20:00 休無休 🚃東急東横線学芸大学駅東口から徒歩11分

緑が見える窓側の席がおすすめ

1. 白衣を着たバリスタがコーヒーを淹れてくれる　2. ブレンドコーヒー550円。スイーツはセムラ440円
3. 全面ガラス張りで明るい店内

 Lewisにいつも置いてある陶器のペンギンに釘付け！ オーナーが趣味で集めているそうです。（群馬県・ムームー）

4 ビンテージ家具の先駆け 15:30
Fusion Interiors
フュージョンインテリアス

北欧ビンテージ家具店の老舗。名作と呼ばれる家具を中心とした品揃えで、仕入れから修理、手入れまで一貫して行っているため値段は抑えめ。長く使うためのメンテナンスなどの相談にものってもらえる。

Map P.120-C1 目黒
🏠 目黒区目黒本町2-4-6 ☎03-3710-5099
🕐 11:00〜19:00 休 火・水 🚉 東急東横線学芸大学駅東口から徒歩13分

日本の部屋にも合うものを揃えてます

1. ショップと工房が併設している 2. ヴァーナー・パントンのフラワーポット3万1900円とシーリングランプ4万9500円 3. デンマーク家具の名作、カイ・クリスチャンセンのダイニングチェア 4. グスタフスベリの名作、ベルサ、ソルト&ペッパー2万7500円とビネガーorオイルポット1万9800円

5 家具も小物も北欧デザイン！
こまものと北欧家具の店 Salut 16:30
コマモノトホクオウカグノミセ サリュ

家具担当のオーナーと、雑貨など「こまもの」担当の奥さんのふたりで営むビンテージショップ。スタイリッシュな店内には日常生活に取り入れやすいインテリアが並び、まるで北欧の家庭に遊びにきたような雰囲気。

Map P.119-C3 目黒
🏠 目黒区目黒本町5-5-5 ☎03-6451-0775 🕐 11:00〜18:00（予約制） 休 不定休 🚉 東急目黒線西小山駅から徒歩4分

1. ウェグナーなど有名デザイナーの作品もある 2. インテリアの参考にしたいレイアウト

家具はほとんどが一点物です

人気のクイストゴーはカラーも豊富

3. イェンス・クイストゴーのカップ&ソーサー4500円 4. ウェグナーの名作、GE375 5. 住宅街の中にある

目黒通りに家具店が集中
目黒駅から西に延びる目黒通りは、通称「インテリアストリート」。北欧をはじめ各国の家具店や雑貨店が軒を連ねる。

Fusion Interiorsの張地には、デンマークを代表するファブリックメーカー、クヴァドラを選ぶこともできる。

下町に潜む北欧カルチャー！
寄り道も楽しい谷根千さんぽ

谷中、根津、千駄木からなる「谷根千」は、個性派オーナーのショップのオンパレード！ ショッピングやカフェタイムの合間に、愛してやまない北欧話に花を咲かせてみるのはいかが？

TOTAL 5時間

谷根千さんぽ
TIME TABLE
- 15:00 Juhla Tokyo
  ↓ 徒歩15分
- 16:15 SWEDEN GRACE
  ↓ 徒歩5分
- 17:00 つむぐカフェ
  ↓ 徒歩5分
- 18:00 ひるねこBOOKS
  ↓ 徒歩7分
- 19:00 桃と蓮

1 音楽とコーヒーとシナモンロール
Juhla Tokyo
ユフラトーキョー

15:00

使っている器も全部フィンランド

フィンランドとエストニアの音楽がテーマのカフェバー。元はレコード屋だったものにコーヒースタンドが加わり、今ではシナモンロールやカルヤランピーラッカなどの軽食にラジオブースまでプラス。さまざまな音楽のジャンルで北欧の魅力を伝えている。

Map P.119-B4 千駄木

🏠文京区千駄木5-38-9 ☎03-4361-1634 ⏰18:00～23:00、土12:00～、日12:00～20:00（日によって変動あり）、SNSで要確認 休月・火 🚇地下鉄本駒込駅から2番出口から徒歩4分

1. カルヤランピーラッカ500円（手前）、シナモンロール400円（右）、コーヒー400円（左）　2. 店舗の一角にはラジオブース「ユフラジオ（→P.117）」がある　3. ハンドドリップのコーヒー　4. オリジナルコーヒー「ユフラブレンド」の販売も。780円

オーナー自ら接客してくれることも

レトロな商店街
日暮里駅から降りると、途中レトロな商店街の谷中銀座を通る。周辺には寺が密集し、歩くだけでも楽しい。

2 人気のスウェーデン雑貨店　16:15
SWEDEN GRACE
スウェーデン グレイス

女優・川上麻衣子さんがオーナー。生まれ育ったスウェーデンの雑貨をはじめ、オリジナルのガラス製品を販売。自らセレクトしたアイテムは、デザイン雑貨からおみやげまで多岐にわたり、暮らしを豊かにするアイテムばかり。

Map P.124-B1 谷中

🏠台東区谷中2-5-15 ☎03-5834-8709 ⏰11:00～18:00 休月～水 🚇地下鉄千駄木駅1番出口から徒歩5分

1. 猫やヒツジ、ダーラナホース柄のペンダント各1100円　2. 川上麻衣子デザインガラスMAJK.O.K 1万9800円　3. 夏至祭の様子を描いたトレイ2750円　4. ロールストランドのビンテージ各1万3200円

ひるねこBOOKSでは、北欧に関連する童話も扱っています。子供連れでも楽しいです。（千葉県・ユミ）

3 人と人をつむぐカフェ 17:00
つむぐカフェ

いたるところにリサ・ラーソンの陶器が置かれた内装は北欧テイストで、ゆっくりとくつろげる。1杯1杯淹れるハンドドリップのコーヒーや、毎日焼く天然酵母パンを使ったパングラタンなど、ドリンクや料理にもていねいな仕事ぶりが光る。

Map P.124-B1 千駄木
- 文京区千駄木2-8-3 ☎03-5834-8338 ⏰11:00～19:00（L.O.18:00) 休日・祝 🚇地下鉄千駄木駅1番出口から徒歩5分

ギャラリーでは作家による展示も開催

谷根千

オーナーが趣味で集めたリサ・ラーソン

1. 料理はオーナーの奥さんが担当。ベシャメルソースとチーズに自家製ベーコンを加えたつむぐパングラタンが900円 2. 千駄木ママに優しいカフェを自負し、店内に子供が遊べるスペースも

4 北欧系の本も充実
ひるねこBOOKS 18:00
ヒルネコブックス

町の小さな本屋さん。選書を務めるのはオーナーの小張さんで、猫の本、児童書、暮らしの本のなかに小さくないスペースで北欧関連の書籍が。日本で出版されたものを中心に現地の和訳やリトルプレスなどなかなかにマニアックなセレクトがニクい。

Map P.124-B1 谷中
- 台東区谷中2-5-22-101 ☎070-3107-6169 ⏰12:00～20:00、土・日・祝～18:30 休火、第2水曜 🚇地下鉄千駄木駅1番出口または地下鉄根津駅1番出口から徒歩7分

1. 夏至祭やダーラナホースに関して紹介するリトルプレス660円 2. フィンランドの国民的絵本『マッティは今日も憂鬱』の日本語版1650円 3. フィンレイソンなどの北欧のハンカチ1500円 4. 古本も取り扱っている

5 隠れ家バーで北欧フードを
桃と蓮 19:00
モモトハス

スコーネアクアビットは1杯900円

オーナーは、北欧の白夜にひかれ、現地に赴き写真を撮ることをライフワークとするフリーカメラマン。現地で食べた味を思い出しながら作ったというノルウェーサーモンディル漬けは、手加減なしの現地味。1970年代から北欧に通ったというオーナーの話も興味深い！

Map P.124-B1 谷中
- 台東区谷中1-5-9 ☎090-5547-5767 ⏰12:00～14:30、19:00～翌1:00 休日・祝の不定休 🚇地下鉄根津駅1番出口から徒歩4分

1. ノルウェーサーモンディル漬け（オープンサンド）1500円（夜のみ） 2. 店名は曼荼羅に由来している 3. 店内にはオーナーが撮影した写真が飾られている

Juhla Tokyoでは、年に1回、地元のアーティストを集めたイベントを開催している。 97

暮らすように歩きたい吉祥寺で普段使いの"北欧"を見っけ！

都会的要素と庶民的要素が混在する町、吉祥寺。暮らしに寄り添う雑貨店が多く、なかでも"北欧好き"が通う店をピックアップ！

TOTAL 3.5時間

吉祥寺おさんぽ
TIME TABLE
- 12:00 Tsubame Märkt
  ↓ 徒歩3分
- 12:30 Dans Dix ans
  ↓ 徒歩4分
- 13:00 free design
  ↓ 徒歩12分
- 13:45 Please
  ↓ 徒歩18分
- 14:30 maika

1 "古いもの"こそが放つ輝き 12:00
Tsubame Märkt
ツバメ　マルクト

クレイユ・エ・モントローの器や子供の頃に慣れ親しんだおもちゃなど、ヨーロッパ各地のアンティーク品が揃う。古くから受け継いできたものはあたたかみにあふれ、花瓶ひとつ、欠けひとつとってもたたずまいが違う。

Map P.124-A2 吉祥寺
🏠 武蔵野市吉祥寺本町2-14-26　☎0422-27-2709　⏰11:30～19:00　休水（祝日の場合は翌日）　🚃JR・京王井の頭線吉祥寺駅北口から徒歩7分

"チャーミング"を大切にセレクト

新品にはない味わいを楽しんで☆

1. 蚤の市や現地のディーラーから仕入れたアイテムが美しく並ぶ店内　2. ベルギーの自転車登録証1100円～はキーホルダーにしてもおしゃれ　3. 卓上サイズの鉛の兵隊さん各3700円　4. フランスの上流階級の子供たちのおままごと遊びに使われたお皿6800円

東急裏エリア
東急百貨店の裏側は、通称"北欧通り"と呼ばれる大正通りを中心に、カフェや雑貨店など個性的なお店が集結するエリア。

Attachement P.68

ここもチェック！
一つひとつのモノがもつ物語との出会いを楽しんで
Gallery fève
ギャラリー フェブ

Dans Dix ansのオーナー、引田さんのギャラリー。「モノがあふれている今だからこそ、本当に大切なものを見つけてほしい」と引田さん。心から紹介したい！と思える作家の作品を展示している。

Map P.124-A2 吉祥寺
🏠 武蔵野市吉祥寺本町2-28-2 2F　☎0422-23-2592　⏰12:00～19:00　休水　☆右記と同じ

2 美術館!? いえいえパン屋です
Dans Dix ans
ダンディゾン

2003年の開店以来、客足の絶えない人気店。シンプルでスタイリッシュな空間に、ガラス張りの厨房で焼き上げられたパンが並ぶ様子は美術館のよう。国産小麦を使用した体に優しいパンが評判。

Map P.124-A2 吉祥寺
🏠 武蔵野市吉祥寺本町2-28-2 B1F　☎0422-23-2595　⏰10:00～18:00（売り切れ次第終了）　休火・水　🚃JR吉祥寺駅南口・京王井の頭線吉祥寺駅北口から徒歩10分

12:30

おすすめの食べ方などお伝えします

1. 素材から完成まで"生産者の顔が見える"ことを大事にしている　2. 店は建物の地下。目の前に公園が広がる　3. パンが揃う時間帯はお昼過ぎ。夕方には売り切れることもあるので事前予約がおすすめ　4. ビスコッティ520円、季節のジャム各620円

98　💌 北口のハモニカ横丁はレトロ＆ディープな店が集まるおもしろいスポットです。（東京都・うーちゃん）

3 free design
フリーデザイン
北欧の人気ブランドが集結! **13:00**

イッタラやアルテックなど、スカンジナビアのブランドに特化したインテリア雑貨店。長く愛用できるものや、新たな定番を提案するアイテムを取り揃えている。ビンテージの食器やリサ・ラーソンの置物も人気。

Map P.124-A2 吉祥寺
武蔵野市吉祥寺本町2-18-2 2F ☎0422-21-2070 ◷11:00～19:00 無休 JR中央線吉祥寺駅東口・京王井の頭線吉祥寺駅北口から徒歩6分

1. デンマークのスーパー、Irmaイヤマのトートバッグ2420円 2. Kay Bojesenカイ・ボイスンのゾウ ミニ1万3200円（帽子1650円は別売り） 3. リサ・ラーソンと西山陶器がコラボした波佐見焼のポット。こちらは店舗別注のカラー 4. 店舗はビルの2階

4 Please プリース **13:45**
これぞ北欧ビンテージの世界　目が合ったよね？

デンマークやスウェーデンを中心に1950～70年代のビンテージ家具を販売。年に3～4回ほど現地へ足を運び、仕入れてきたものをていねいにリペアしてから店頭に並べる。さりげなく置かれた小物や雑貨のセンスも秀逸！

Map P.124-A2 三鷹
武蔵野市中町2-24-17 1F ☎0422-27-7685 ◷土・日・祝12:00～17:00（その他の曜日は予約制）木 JR三鷹駅北口から徒歩10分

1. リサ・ラーソンの置物。猫2万5000円、男の子4万5000円～ 2. 北欧家具に魅了されたオーナー夫妻が営む店 3. 有名どころからレアなものまで揃う 4. ロイヤルコペンハーゲンのテーブルライト6万5000円

店の奥にはさらにお宝がずらり

Gallery fève P.98
ムーミンスタンド コピス吉祥寺店 P.89
大正通り
昭和通り
ALLT GOTT P.73
中道通り
東急百貨店
吉祥寺駅
丸井吉祥寺店
Marimekko吉祥寺店 P.57
井の頭恩賜公園
井の頭池文化園

井の頭恩賜公園
武蔵野市と三鷹市にまたがる総面積約42万㎡の自然豊かな公園。井の頭池や自然文化園、三鷹の森ジブリ美術館などを併設する。

5 maika マイカ **14:30**
日々の暮らしをちょっと豊かに♪

食器やインテリア雑貨などを扱う北欧雑貨店。店名は三鷹の"m"とフィンランド語で「時間」を意味する"aika"から。アラビアのビンテージをはじめ、暮らしに彩りを添えてくれるアイテムが多数並ぶ。

Map P.124-A1 三鷹
三鷹市下連雀3-38-4 1F ☎0422-26-7704 ◷11:00～18:00 火 JR三鷹駅南口から徒歩6分

北欧の文化をのぞきにきてください

1. 不定期で作家の個展やイベントなども開催 2. デンマーク王室御用達、ホルムガードの花瓶各3300円 3. アラビア、ヴァレンシアシリーズのプレート皿1万2000円 4. カイ・ボイスンのカトラリー990円～。実は日本で製造、逆輸入しているため品質も高く安心

お隣の西荻窪も!

吉祥寺から電車でひと駅の西荻窪も街歩きにおすすめ。暮らしに根付いた商店街のなかにひっそりとたたずむ小さなカフェや雑貨屋などを探して路地裏散歩を楽しんで。

Mies ミース
心からすすめられるアイテムを厳選!

北欧雑貨をメインに扱うセレクトショップ。小さな店には雑貨やコスメ用品など女子力高めなアイテムがたくさん。若者から地元のマダムまで幅広い世代の支持を集める。

Map P.125-A3 西荻窪
杉並区西荻北3-22-5 ☎03-6913-6470 ◷13:00～19:00、日～18:00 月・火 JR西荻窪駅北口から徒歩3分

1. 住み慣れた土地でのご縁をきっかけに2010年オープン 2. デンマークの陶磁器ブランド、ドティエのフラワーベースは3点セットで8250円

ビンテージの製造年代を見分けるには裏のマークが重要。焼きがない場合もあるので注意して。

こだわりのお店が大集合！
注目の国立で雑貨屋巡り

「雑貨の町」としても知られる国立。町にはつい足を踏み入れたくなるような個性あふれるショップがいっぱい！訪れる先々での出合いを楽しんで☆

国立おさんぽ
TIME TABLE　TOTAL 3時間

- **11:00** WILD ROSE Kunitachi
  ↓ 徒歩9分
- **11:30** Organic Garden North
  ↓ 徒歩6分
- **12:30** 古道具 LET'EM IN
  ↓ 徒歩6分
- **13:00** Found & Made

開店以来ククサは店の看板商品♡

1 北欧の空気感が漂う　11:00
WILD ROSE Kunitachi
ワイルドローズ クニタチ

アーチ状の窓にセンスよく飾られた雑貨や花々が北欧の建物を彷彿とさせる店内に、かわいい北欧雑貨がずらり。他では見つけられないものに巡り合えるのも現地とのコネクションが多いこの店ならでは。

私たち姉妹で営んでいます！

Map P.118-C1 国立
▲ 国立市東1-15-51-1F ☎042-571-3025 ⏰11:00〜19:00 休水 JR国立駅南口から徒歩3分

2 マリメッコのエプロンでお出迎え　11:30
Organic Garden North
オーガニック ガーデン ノース

名物のチーズケーキもおすすめ

高架線沿いのガーデンレストラン。北欧をイメージしたスタイリッシュな店内とテラス席がある。有機栽培や減農薬栽培の食材にこだわり、ソースなどもすべて手作り、体にやさしいメニューを提供。

Map P.118-C1 国立
▲ 国立市北1-11-1 ☎042-505-4560 ⏰11:00〜19:00 (L.O.18:00) 休第3月曜 JR国立駅北口から徒歩4分

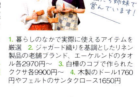

1. 暮らしのなかで実際に使えるアイテムを厳選　2. ジャガード織りを基調としたリネン製品の老舗ブランド、エーケルンドのタオル各2970円〜　3. 白樺のコブで作られたククサ各9900円〜　4. 木製のドール1760円やフェルトのサンタクロース1650円

1. 人気のキッシュセット1400円とセットの有機コーヒー200円　2. 店内はカウンター席のみ。イタリアンワインの種類も豊富　3. タレンティ社のソファが配された明るいテラス席は愛犬と一緒もOK

旧国立駅舎
大正15年に創建以来80年にわたって人々に親しまれてきた駅舎。再築工事を経て国立の歴史や観光案内をするスペースとして2020年にオープン。

秋は黄葉も美しい大学通り

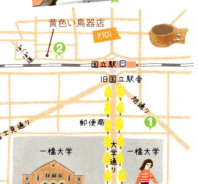

フジカワエハガキ P.101
黄色い鳥器店 P.101
ぽっぽ道 かつて国立駅から鉄道総合技術研究所への引き込み線があったことを記念して作られた散歩道。曲がりくねった道に昔の面影が残る。
国立駅　旧国立駅舎　旭通り　郵便局　富士見通り　音楽大学附属中学校・高等学校　一橋大学　大学通り
世界のかご カゴアミドリ P.101

学生街としても知られる国立。メイン通りの大学通りを中心におしゃれな店がたくさん！（大阪府・はるたん）

3 古道具 LET'EM IN
フルドウグ レットエムイン

12:30

良いものをリーズナブルに手に入れたい！

お待ちしてま〜す

1960年代に生まれた北欧の製品を中心に、各国のビンテージ家具や雑貨を販売。多国籍要素がミックスした空間には、目利きのオーナー自らがセレクトした個性的なアイテムが集結する。

Map P.118-C1 国立

🏠 国立市北2-13-48-101 ☎042-577-3452 ⏰12:00〜18:30 ㊡月・火 🚉JR国立駅北口から徒歩8分

1. タイムスリップしたかのような空間が広がる　2. ダンスクの鍋8500円
3. 牛の乳搾り用が起源のシューメーカーチェア1万9500円　4. アラビア、カイ・フランクのポット1万2500円、"ファエンツァ"のティーカップ＆ソーサ4200円　5. 1970年代に日本国内の木工メーカーより販売された"ロイヤルペット"シリーズ各1700円

4 Found & Made
ファウンド アンド メイド

13:00

「手仕事」の魅力と出合える

織物の世界は魅力がいっぱい

スウェーデン織りの世界をベースに、現地の織物糸や手工芸道具など専用品が充実。テキスタイルデザイナーである佐野さんのアトリエも兼ね、月一でワークショップを開催。オーダーを受けてマットなどの製作も。

Map P.118-C1 国立

🏠 国立市北2-35-57 ☎042-505-9517 ⏰11:00〜17:00 ㊡日・月・祝、第2・4・5土曜(そのほか不定休あり) 🚉JR国立駅北口から徒歩13分

1. 店に入ると目に飛び込んでくるスウェーデンの織り機　2. オリジナルの手工芸グッズをはじめこの店ならではのアイテムも多い　3. 評判のスウェーデンリネンのたて糸付きバンド織りキット7700円　4. 1階がご主人が営むデザイン事務所になっている

まだある！こだわり雑貨店

"あ、カワイイ♡"が大集合
黄色い鳥器店
キイロイトリウツワテン

日本の作家や窯元の作品を多く扱う

かわいらしい黄色い鳥の看板が目印。小さな店内に所狭しと並ぶ器は、どれも作り手の思いが伝わってくるような優しくほっこりするデザインのものばかり。

企画展などのイベントも随時開催している

Map P.118-C1 国立

🏠 国立市北1-12-2 2F ☎042-537-8502 ⏰12:00〜18:00 ㊡月・火 🚉JR国立駅北口から徒歩4分

ついつい引き寄せられてしまう
フジカワエハガキ

不定期でアトリエ公開もしています

国立在住歴35年以上になる画家・藤川孝之さんのアトリエショップ。国立のディープな話や店内で聴けるレコードを楽しみに立ち寄る人も多い。

絵葉書や原画、携わったCD、ペン先などを販売

Map P.118-C1 国立

🏠 国立市北2-21-11 ☎042-576-9350 ⏰金・土・日のお昼から夕方 ㊡不定休 🚉JR国立駅北口から徒歩10分

"北欧モノ"に限らず、すてきな雑貨屋さんがたくさん。どの店も自分たちの世界観を大切にする精神が感じられる。

店はレトロなビルの2階です

1. 形も色合いもさまざまなカゴがずらりと並ぶ　2. バーチのカゴ(スウェーデン)18700円、ポーランド製のポーチ3980円

色とりどりなカゴの世界
世界のかご カゴアミドリ

世界30ヵ国以上のカゴを揃えたカゴ専門店。天然素材を使い手作りされたカゴは、素朴ながら美しい。使い込むほどに味が出る奥深さも魅力だ。

Map P.118-C1 国立

🏠 国立市西2-19-2 2F ☎042-505-6563 ⏰10:30〜17:00 ㊡月 🚉JR国立駅南口から徒歩14分

「Found & Made」から続く細道もユニークな店が点々と並ぶおもしろい通りなのでチェックしてみて。

北欧4ヵ国クイックNavi

サクッと北欧をおさらい

4ヵ国の基本的な情報をおさえて、さらに北欧の魅力を知ろう！似ているようで実は個性はさまざま。

ノーベル賞の授賞式開催国
授賞式は毎年12月10日に行われている。平和賞はノルウェーのオスロで、そのほかの部門と晩餐会はスウェーデンのストックホルムで開催。

一生に一度は見たい絶景

FINLAND フィンランド

森と湖と共存する国
国土の3分の1が北極圏に位置し、65%を森、10%を湖が占める自然の宝庫。オーロラの名所やサンタクロースの故郷としても有名。国民の文化的、経済的水準が高く、勤勉でまじめな人が多い。

前菜につけ合わせぴったりニシンの酢漬け

料理
バルト海でとれるニシンの料理やサーモンのクリームスープ、シナモンロールが有名。とれるベリーやキノコを使った料理も多い。

有名ブランド
フィンランドを代表するブランドは、テキスタイルならマリメッコ、インテリアはアルテック、食器はイッタラやアラビアが有名。

日本でも大人気のマリメッコ

著名人
フィンランド生まれの著名人といえば、ムーミンの作者であるトーベ・ヤンソンと建築家のアルヴァ・アアルト。

アルヴァ・アアルトは数々の名作を生み出した

NORWAY
面積：38万5199km
人口：約532万人
（2019年1月時点）

オスロ

フィヨルドは鉄道や船、バスを使って周遊する

SWEDEN
面積：45万km
人口：約1040万人
（2021年6月時点）

ストックホルム

FINLAND
面積：33万8435km
人口：約554万人
（2021年7月時点）

ヘルシンキ

サウナ発祥の地
なんと、サウナはフィンランド語！3人に1人は家にサウナがあるというほど、フィンランド人には欠かせない習慣。

DENMARK
面積：4万3098km（本土）
：1399km（フェロー諸島）
：220km（グリーンランド）
人口：約583万人
（2021年7月時点）

コペンハーゲン

港町のニューハウンはコペンハーゲンを象徴する名所

NORWAY ノルウェー

フィヨルドの雄大な自然
南北に細長い国土の海岸線がすべてフィヨルド地帯になっており、ノルウェー最大の観光名所。国土の半分が北極圏で、夏は太陽が沈まない白夜になり、冬にはオーロラ観賞が楽しめる。

料理
漁業の盛んなノルウェーでは、シーフード料理が美味！サーモンやタラが定番。北極圏のラップランドでは、トナカイ肉を食べる。

グリルしたサーモンは脂がのって絶品

有名ブランド
ホーロー製品ブランドのキャサリンホルムは世界中にファンが多い。また、アウトドアブランドのノローナやブランケットで有名なロロス・ツイードなど。

1929年創業の老舗ブランド、ノローナ

著名人
『叫び』で有名な画家のエドヴァルド・ムンクや、『人形の家』を書いた劇作家のヘンリック・イプセンもノルウェー出身。

テンペラ画の『叫び』

DENMARK デンマーク

デザインとおとぎの国
なだらかな地形で海岸や丘陵、湖など変化に富んだ景色が広がり、まるでおとぎの国のように美しい。国民の幸福度が高く、「世界一幸せな国」と呼ばれている。

料理
酪農王国であるデンマークの名産は豚肉や乳製品。デニッシュペストリーなどパンの種類も豊富。伝統料理のスモーブローはランチの定番。

小エビやサーモンをのせたスモーブロー

有名ブランド
ロイヤルコペンハーゲンやヘイなどが有名。北欧デザインの巨匠たちが手がけたミッドセンチュリーの家具も外せない。

王室御用達ブランドのロイヤルコペンハーゲン

著名人
『人魚姫』や『みにくいアヒルの子』などの名作を生み出した、ハンス・クリスチャン・アンデルセンはオーデンセ出身。アルネ・ヤコブセンなど世界的なデザイナーも多い。

SWEDEN スウェーデン

歴史的な美しい街並み
北欧らしく、国土は森林と湖に恵まれ自然豊か。都市部では歴史的な旧市街が残る。北極圏のラップランドは、サーメと呼ばれる先住民族が現在も暮らしている。

料理
定番料理はミートボール。夏にはザリガニを食べるのが恒例。スモーガスボードと呼ばれるバイキング料理発祥の国でもある。

ベリーソースをつけて食べる

有名ブランド
グスタフスベリやオレフォス、コスタボダなどが有名。イケアやアクネストゥディオなど日本に進出しているブランドも多い。

イケアは1943年に創業した

著名人
『長くつ下のピッピ』の作者、アストリッド・リンドグレーンのほか、アバやカーディガンズなど映画や音楽の著名人も多く輩出している。

ストックホルムの旧市街、ガムラ・スタン

102

緑と海に癒やされる〜

東京近郊1泊2日 のんびり過ごす 週末北欧TRIP☆

北国ならではの大自然も北欧の魅力のひとつ。
都心の北欧スポットを満喫したら、自然豊かな場所へも出かけてみない？
北欧化が進む埼玉の飯能・日高や、海が近い神奈川の鎌倉・湘南、
さらに遠くの北欧ビレッジまで、多彩な街への週末旅をご提案☆

北欧化計画進行中！
飯能・日高
Hannou・Hidaka

「日本の北欧」として注目を浴びるエリア。ムーミンバレーパークが開業して以来、北欧化の勢いが止まらない！

Check! 内部には螺旋階段があり、ワクワクする空間が広がる

トーベ・ヤンソンあけぼの子どもの森公園のシンボル、子供たちに人気のきのこの家

アクセス
- 🚌 西武池袋線池袋駅から飯能駅まで約50分
- 🚗 狭山・日高ICから飯能まで約20分

1泊2日プラン
DAY 01
北欧童話の世界観と北欧ショッピングを満喫♪

am 地元で長年愛されてきた北欧を感じる公園へ

北欧ブームが到来する前から、北欧童話を連想させる公園として地元の子どもたちに愛されてきた。トーベ・ヤンソンと手紙を交わしたことをきっかけに開園。かわいらしい建物と美しい自然に癒やされよう！

地元で長年愛されてきた公園
トーベ・ヤンソンあけぼの子どもの森公園
トーベ・ヤンソンアケボノコドモノモリコウエン

川が流れる自然豊かな園内に、ユニークなフォルムの建物が点在する。複雑な造りになっているきのこの家の内部もぜひ探検してみて！

Map P.122-B2 飯能
🏠 埼玉県飯能市大字阿須893-1 ☎042-972-7711 🕘9:00〜17:00、土・日・祝〜21:00 休月（祝日の場合は翌平日）🚃西武池袋線元加治駅から徒歩20分

Check! 子ども劇場
コンサートなどのイベントが催されるホール。樹齢100年以上のヒノキを使用している

丸太を並べた波を打つ壁が特徴的

Check! 森の家
飯能の西川材のヒノキを使った建物。1階はトーベ・ヤンソンの資料展示コーナー、2階は図書コーナー

屋根や窓、照明の形がユニーク

2階の図書コーナーでは自由に読書が楽しめる

©(2021)Moomin Characters/R&B

トーベ・ヤンソンあけぼの子どもの森公園では、さまざまな童話が読めます。（埼玉県・ところん）

1. ライ麦パンを使用した、照り焼きチキンのスモーブロー900円
2. 果物たっぷりの季節のフルーツタルト680円

DAY 01	
am	トーベ・ヤンソンあけぼの子どもの森公園
▽	徒歩すぐ
lunch	café Puisto
▽	車で20分
pm	メッツァビレッジ
▽	車で8分
stay	マロウドイン飯能

交通アドバイス
駅から離れた場所にあるため、車で移動するのがおすすめ。トーベ・ヤンソンあけぼの子どもの森公園の最寄の元加治駅は、飯能駅のお隣。

+1泊して ムーミンバレーパークを楽しむ！
1泊プラスすれば、ムーミンバレーパーク(→P.20)を1日たっぷり満喫できて、さらにムーミン尽くしなプランがかなう！

飯能・日高 Hannou Hidaka 北欧化計画進行中!

森の中にあるカフェ。ブルーの外観が目印

木のぬくもりに包まれ居心地がいい

lunch 森に癒やされながら北欧ランチを堪能

食器や内装もキュート！
café Puisto
カフェ プイスト

森に囲まれた公園内のカフェでランチ休憩！木材を使った居心地のよい空間で、地元食材を中心に使ったメニューをいただこう。

ライ麦パンを使ったスモーブローや自家製のケーキを味わえる。季節の花が咲き誇るテラス席もある。

Map P.122-B2 飯能
▲埼玉県飯能市大字阿須893-1 ☎080-4122-0141 ◐9:00～16:30(L.O.16:00) 困月(祝日の場合は翌平日) 西武池袋線元加治駅から徒歩20分

1. フィンランド発、フェアトレードの手作りカゴバッグ1万1000円 2. 木材をレーザーでカットした木製ピアス。5390円(上)、3900円(下) 3. ストックホルムの街並みが描かれたホーローマグ1980円

pm 有名ブランドがずらり！メッツァビレッジで北欧ショッピング！

ムーミンバレーパークの隣、北欧のライフスタイルを体験できる入場無料のエリア。有名ブランドや定番商品を揃えたショップで買い物をして1日目を締めくくろう。

北欧ストアが大集合
メッツァビレッジ
DATA → P.25

森と湖に囲まれた敷地内に、北欧発のショップや飲食店などが入る。

春夏限定のフォトスポット！

メッツァビレッジの湖の前にあるベンチに腰掛けて、ゆったりと自然を感じてみよう。

105

ムーミン ver.

Stay
ムーミンのグッズ付き！
ムーミンスペシャルルームにお泊まり

北欧気分を味わえるホテルをセレクト！こちらは、ムーミンバレーパーク公認のオフィシャルホテル。ムーミンスペシャルルームでは、ムーミンたちと一緒に楽しい一夜が過ごせる☆

ムーミングッズがもらえる！
マロウドイン飯能
マロウドインハンノウ

客室にぬいぐるみとイラストが配されたシンプルなホテル。宿泊者だけがゲットできる、ムーミンのキュートなグッズが付いてくるのがうれしい！

Map P.122-B2 飯能
埼玉県飯能市双柳105-8 ☎042-974-4000
IN15:00 OUT10:00 ムーミンスペシャルルームS1万8000円〜、T3万4000円〜 145
JR・西武池袋線東飯能駅東口から徒歩5分

駅近のビジネスホテル

Room
部屋はムーミンまたはリトルミイの2種類。大きなぬいぐるみが出迎えてくれる

Check!
限定のオリジナルのマグカップやパスケースなどがもらえるのがうれしい！

プレゼントの内容は変更になる場合あり

リトルミイ ver.
画像はイメージです

© Moomin Characters ™

Stay
プライベートサウナ付きの贅沢ステイ

飯能から車で約30分の場所にある越生のホテルでは、プライベートサウナ付きの部屋に泊まれちゃう！フィンレイソンとコラボした内装やグランピング料理も満喫できる。

宿泊プランが豊富
ビオリゾート ホテル&スパ オーパークおごせ

リゾート型複合施設。サウナ付きのキャビンのほか、グランピングキャビン、ドームキャビン、ログハウスなどさまざまな宿泊が楽しめる。

Map P.122-A1 越生
埼玉県入間郡越生町上野3083-1 ☎049-292-7889 IN15:00 OUT11:00 サウナスイートキャビンD4万4000円〜 3 JR・東武越生線越生駅から車で10分

Room
テキスタイルブランドのフィンレイソンとコラボしたキュートな部屋

Check!
カーテンやクッションなどの内装のほか、ルームウエアまでフィンレイソン尽くし！

クールダウンは屋外のジャグジーで！

Sauna
完全なプライベート空間でロウリュが楽しめるサウナ付き

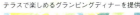

Dinner
テラスで楽しめるグランピングディナーを提供

カフェ日月堂は手作りケーキもおいしいです。（埼玉県・M.K）

DAY 02

豊かな自然を感じる サウナ体験＆人気スポット

am 森に囲まれた テントサウナでととのう

2日目のスタートは、話題のフィンランド式アウトドアサウナでととのう！ 森林に囲まれた開放感のある場所で日頃の疲れをリリース☆

共有のプールでクールダウン。サウナ好きとの交流も楽しめる

DAY 02

stay	マロウドイン飯能	車で35分
am	ノーラ名栗	車で30分
lunch	カフェ日月堂	車で8分
pm	OH!!! 〜発酵、健康、食の魔法!!!〜	

交通アドバイス
山奥あるノーラ名栗は、市街から少し離れた場所にある。効率よく回るには車がベスト。

飯能・日高 Hanno Hidaka

北欧化計画進行中！

森の中で極上のリラックスタイムを

サウナ好きも注目！
ノーラ名栗
ノーラナグリ

北欧サウナとBBQがコンセプトの複合施設。敷地内には全部で8つの貸切テントが張られている。カフェ＆ショップも併設。

焼き石に水をかけて好みの温度に調節しよう

山に囲まれて貸切でテントサウナにトライ！

Check!
グランピング施設も！
施設内にはグランピングもあり、ナイトサウナ体験ができる

Map P.122-A1 飯能
📍埼玉県飯能市下名栗607-1
☎042-978-5522 ⏰10:30〜16:00 無休 2名8000円、土・日1万円 🚃西武池袋線飯能駅から国際興業バスで41分、ノーラ名栗・さわらびの湯下車、徒歩すぐ

---

lunch 東欧雑貨もあり！ 川沿いのテラスカフェへ

高麗川のそばに建つカフェでひと休み。自家製の酵母を使ったパンを食べながら、テラス席の景色を楽しもう！

1. ラトビアから直接買い付けたウールのミトンや靴下 2. 自家製のカンパーニュを使ったサンドイッチ1296円

窯焼きパンが好評
カフェ日月堂
カフェニチゲツドウ 日高

手作りの石窯で焼いた自家製パンは絶品！ ぬくもりあふれる店内では、パンの販売やラトビアなどの民芸品も扱う。

高麗川のせせらぎが心地よいテラス席

Map P.122-A1 日高
📍埼玉県日高市高麗本郷729-1
☎042-978-6263 ⏰11:30〜16:30、土・日〜17:00 火・水 🚃西武池袋線高麗駅から徒歩13分

---

pm 内側から美しくなれる 発酵のテーマパークで腸活！

ラストは発酵をテーマにした、飯能の最新スポットに立ち寄ってみよう。発酵食品を味わい、学び、体感することで発酵の魅力を再発見！

カフェ
ぬか漬けから発見されたピーネ乳酸菌と野菜を使ったメニューを提供するPiene Café

飯能の新名所
OH!!! 〜発酵、健康、食の魔法!!!〜
オー！！！ハッコウ、ケンコウ、ショクノマホウ！！！

発酵食品のセレクトショップをはじめ、レストランやカフェ、ワークショップが楽しめる発酵のテーマパーク。

ショッピング
八幡屋では、漬物やキムチなど厳選した発酵食品をセレクション。地元の野菜や特産品も揃う

Map P.122-B1 飯能
📍埼玉県飯能市飯能1333 ☎042-975-7001（総合案内）⏰施設により異なる 月（祝日の場合は翌日）🚃西武池袋線飯能駅北口から徒歩15分

ノーラ名栗にはドリンクスタンドもあり、北欧料理やデザートも提供している。

107

鎌倉・湘南

自然との近さが北欧らしい
Kamakura-Shonan

海と山が隣り合う
自然豊かな鎌倉・湘南。
パン屋さんに雑貨、家具にお菓子、
北欧尽くしの鎌倉を巡ろう。

北欧の人も大好きなロケーション!

1. 鶴岡八幡宮の赤い大鳥居 2. 鎌倉駅から長谷駅までは江ノ電を利用できる

鎌倉駅から鶴岡八幡宮へと続く小町通り

アクセス
- 🚆 JR湘南新宿ライン新宿駅から鎌倉駅まで約1時間
- 🚗 朝比奈ICから鎌倉まで約30分

鎌倉駅から歩いても行ける由比ガ浜

1泊2日プラン

DAY 01 鎌倉の中心街で**本場グルメとキュートな雑貨**に夢中!

am フィンランドの朝ごパン Best5をいただきます!

鎌倉駅に到着したら、遅めの朝ごはん。駅から鶴岡八幡宮へ行く途中の小道にある「ライ麦ハウスベーカリー」は、フィンランド人のご主人と日本人の奥さんで営むパン屋。手のひらくらいある大きなシナモンロールをぺろり!

フィンランド人の焼くパン屋

ライ麦ハウスベーカリー
ライムギハウスベーカリー

自家製の天然酵母を使うフィンランドの伝統パンを販売。ご主人が焼くパンは、手加減なしの本場の味。作っている様子がすぐ横で見られるのも楽しい。

Map P.124-B2 鎌倉
- 神奈川県鎌倉市小町2-8-23
- 0467-24-0229 10:00〜17:30
- 日・月（毎月最終日曜は営業） JR鎌倉駅東口から徒歩5分

No.1 シナモンロール
伝統的な形のフィンランド風シナモンロール。250円

No.3 ハートのオートミール
ハートの形のオートミールパン。小麦・卵・牛乳不使用。235円

No.2 カレリアンピーラッカ
薄く伸ばしたライ麦の生地でミルク粥を包んだもの。230円

No.4 型焼きライ麦プレーン
具をのせて食べる食事パン。ライ麦100％使用。450円

No.5 サーリストライスレイパ
ライ麦33％にビールモルトを使用したクルミパン。850円

通販もやっています

1. 外観は青と白のフィンランドカラー
2. 目移りしそうなほどたくさんのパンが並ぶ

ライ麦ハウスベーカリーの店内には、ふたりの子供が描いたイラストなどが飾られています。（千葉県・ひな）

am ハシゴしてお気に入りの北欧雑貨を見つけよう

お次は雑貨ハント。「kröne-hus」は北欧雑貨の有名店で、店内には現地からの直輸入や日本発のプロダクトまで北欧テイストのアイテムがぎっしり！すぐそばにもう1店舗あるので、行くのを忘れずに。

センスのいいアイテムがずらり
kröne-hus
クローネフス

「おうち時間をもっと楽しく」がテーマ。北欧4ヵ国ゆかりの商品を扱う。ビンテージの食器もある。

Map P.124-B2 鎌倉
神奈川県鎌倉市御成町4-40 松田ビル102
0467-84-8426 10:30～18:00 休水
JR鎌倉駅西口から徒歩3分

まるで北欧デザインの宝箱！
pieni-kröne
ピエニクローネ

kröne-husから徒歩1分。ムーミンやリサ・ラーソンなどキャラクターものをメインとした商品展開。

Map P.124-B2 鎌倉
神奈川県鎌倉市御成町5-6 1-C 0467-25-0847 10:30～18:00 休水 JR鎌倉駅西口から徒歩3分

オブジェとして置いておくのも◎

1. フィンランドの銀行のノベルティだった、ホッキョクグマの貯金箱の復刻版2520円 2. 北欧陶器のかけらを使ったネックレス1万450円 3. Atelier Pelto（→P.38）の花瓶4750円 4. スウェーデンのイラストレーターが描くメラニンプレート各1265円 5. 雑貨を扱うKIKKERLANDのマルチツール各2750円 6. ムーミンのソフトフィギュアキーリング各1540円 7. 白樺のカゴバッグ1万6500円

© Moomin Characters™

DAY 01
- **am** ライ麦ハウスベーカリー
  ▽ 徒歩8分
- **am** kröne-hus、pieni-kröne
  ▽ 電車・徒歩15分
- **lunch** Melting Pot
  ▽ 電車・徒歩・バス1時間15分
- **stay** 大磯プリンスホテル／THERMAL SPA S.WAVE

交通アドバイス
鎌倉駅の周辺は徒歩、長谷へは江ノ電で。宿泊場所へは車で向かうのが望ましい。駐車場は鎌倉駅の周辺にたくさんある。

鎌倉・湘南 Kamakura Shonan

自然との近さが北欧らしい

lunch スウェーデン料理のスープランチでひと休み

海のそばのカフェでランチタイム。人種のるつぼという意味の店の女性オーナーは、スウェーデンでのレストラン勤務の経験あり。メニューも北欧風。

北欧テイストあふれるカフェメニュー
Melting Pot
メルティングポット

地元に愛されるカフェレストラン。おすすめは北欧風サラダに本日のスープがついたサラダプレート。

スウェーデン仕込みのサラダをぜひ！

Map P.125-B4 鎌倉
神奈川県鎌倉市長谷2-21-5 080-4111-4878 8:00～15:00 休日・祝 江ノ電長谷駅から徒歩3分

1. サラダは自家製の信州サーモンマリネ、デンマーク産甘えび、ニシンのマスタードマリネの3種類。写真は全部のせで1350円 2. ガレージを利用したテラス席がある 3. 焼きたてのビスケットも美味

kröne-husでは、フィンランドの人気スニーカーブランド、カルフも扱っている。

Infinity Pool
果てしなく続く太平洋の大海原を見渡せる。季節で水温を調節しており冬でも適度な水温で利用可能

Stay
リゾート感満載のホテルでリトリートステイ

お泊まりは、関東屈指の充実度を誇るスパを併設したホテルで決まり☆ 旅の疲れを癒やそう！

心と体を癒やす話題のホテル
大磯プリンスホテル/THERMAL SPA S.WAVE
オオイソプリンスホテル/サーマル スパ エス ウェーブ

大磯ロングビーチを有するリゾートホテル。絶景のインフィニティプールやサウナを備え、贅沢なステイを満喫できる。スパ施設は日帰り利用もOK(2021年9月現在は宿泊者のみ。詳細はウェブサイトで確認を)。

Map P.125-B3 大磯

🏠 神奈川県中郡大磯町国府本郷546 ☎ 0463-61-1111 温泉&スパ6:00〜24:00（最終受付 宿泊客23:30、ビジター17:00）無休 1泊1室1万2858円〜（スパ施設利用料金込み）（ビジタースパ施設料金4500円）JR大磯駅から神奈川中央交通の路線バスで13分、大磯プリンスホテル下車、徒歩すぐ

Sauna
免疫力を高める岩盤浴室や発汗を促すフィンランドサウナなど、温度や湿度、内装などが異なる4種類のサウナを体験できる

パノラミックサウナ

ガラス窓から富士山や太平洋の美しい景色を一望できる。室温は40〜50℃

テピダリウム
「心穏やかに瞑想タイム」

ベンチと壁面から輻射熱が放出され、アロマの香りで満たされた癒やしのサウナ

アイスルーム
「肌をシャキッと引き締めます！」

注目のクールダウンはこちら。人工雪で体を冷やし皮膚や神経組織の機能を活性化！

Room
客室からは湘南のオーシャンビュー、または丹沢のマウンテンビューを満喫できる

1.海を見渡せる開放的なロビー　2.センスのいい家具が配されたゆったりとした空間の湘南スイート

Dinner
西洋料理、日本料理、中華料理がある。カフェ&バーも完備

1.中国料理を提供する「中国料理 滄」　2.西洋料理の「S.DINING」では季節の野菜を使ったメニューを楽しめる

110　THERMAL SPA S.WAVEは、スパトリートメント（別途料金）も併設しています。（千葉県・ゆみゆみ）

DAY 02
2日目はさらに足を延ばして 気になる北欧家具&スイーツ店へ

DAY 02
- **stay** 大磯プリンスホテル/THERMAL SPA S.WAVE
  ▽ 電車・徒歩・バス1時間10分
- **am** 北欧家具Talo
  ▽ 電車・徒歩・バス1時間45分
- **am** スウェーデン洋菓子&スウェーデン語絵本 Lilla Katten

交通アドバイス
1日目の後半から2日目までは、車移動の方が便利。湘南の海岸線を通る国道134号は休日には渋滞が激しいので時間に余裕をもって。

am 憧れの北欧家具に囲まれる

2日目は有名北欧家具店へ。店内には名作チェアやテーブルがずらり。お目当ては、ウェグナーのデイベッド。ファブリックは好きな色に張りかえられる！

北欧家具をリーズナブルに！
北欧家具Talo
ホクオウカグタロ

北欧家具の倉庫兼ショップ。現地から直送し、自社で修理・調整を施した家具を多数販売。巨匠デザイナー揃いのツボをついたセレクトがうれしい。

Map P.125-B3 伊勢原

▲ 神奈川県伊勢原市小稲葉2136-1 ☎0463-80-9700
⏰ 10:00~18:00 休火 🚃小田急線伊勢原駅から神奈川中央交通の路線バスで10分、小稲葉下車、徒歩すぐ

手入れも自分たちで行っています

1. フィンランドの家具デザイナー、イルマリ・タピオヴァーラの1950年代のチェア各5万2800円 2. 1960~70年代のデンマーク製ビンテージ3段チェスト9万2400円 3. 座面の張地を選べるハンス・J・ウェグナーのデイベッド39万8200円 4. 広々とした店内

1. 黄緑のマジパンが鮮やかなプリンセスケーキ480円 2. ジンジャークッキー(左)とラズベリーのクッキー(右)各400円 3. 店内の一角にスウェーデンの絵本を詰め込んだ本棚があり、アンティーク品が飾られている

プレートやカップ&ソーサーもかわいい

am スウェーデンスイーツでカフェタイム

最後は、神武寺駅そばのスウェーデン菓子店へ。木でできたドアノブを引いて店内に入ると、絵本から飛び出したような空間が広がる。童話みたいな世界観に浸ってみて。

絵本みたいなお菓子屋さん
スウェーデン洋菓子&スウェーデン語絵本 Lilla Katten
スウェーデンヨウガシ&スウェーデンゴエホン リッラ カッテン

スウェーデンの伝統スイーツを多数扱っている。伝統のレシピを日本人向けにアレンジしており、ケーキのほかクッキーなどの焼き菓子も豊富に揃う。

Map P.125-B4 逗子

▲ 神奈川県逗子市池子2-11-4 #103 ☎046-874-9701 ⏰11:00~17:00 休日・月・祝
🚃京急逗子線神武寺駅から徒歩すぐ

Lilla Kattenでは、スウェーデンのアンティーク切手やポストカード、絵本の販売もしている。

111

東京から飛び出して自然いっぱいの北欧ビレッジへ

北欧らしさをもっと味わえる自然豊かな街に足を延ばしてみよう！複合施設やショップ、飲食店など北欧をぎゅっとまとめたスポットをピックアップ。

アクセス
JR東京駅からJR浜松駅まで東海道新幹線で約1時間30分、遠州鉄道新浜松駅から西鹿島駅まで約32分、天竜浜名湖鉄道西鹿島駅から都田駅まで約14分、都田駅から徒歩13分
浜松スマートICから約6分

北欧のライフスタイルを伝える

静岡県浜松市
ドロフィーズキャンパス

ドロフィーズの敷地内に広がる、北欧の庭をイメージしたガーデンヒル

プチinfo
地域活性化のため、地元の建設会社が長い時間をかけて造り上げた。現在では静岡イチおしゃれなスポットへと生まれ変わった。

北欧の暮らしやライフスタイルを提案する複合施設。1万坪の広大な敷地内には、レストラン、カフェ、雑貨、家具などの店舗が入った25の施設が点在し、まるでひとつの街のような雰囲気。

📍静岡県浜松市北区都田町2698-1　☎053-428-2750
🕐店舗により異なる　休火・水

SHOP
ビンテージの陶器ギャラリーやインテリアショップなど、10以上の店舗が入る。

ドロフィーズインテリア
スローなライフスタイルをコンセプトに、長く使えるアイテムを扱う

ドロフィーズファブリック
マリメッコなど北欧の有名ブランドのファブリックを約300種類揃えている

マリメッコギャラリー
マリメッコの正規取扱店。日本限定商品などラインアップも充実

きのこたっぷりスチームチキンのポスカイオーラ
1298円（季節により変更の場合あり）

CAFE
北欧をコンセプトにした、体にやさしいメニューを提供する飲食店は3店舗。

ドロフィーズカフェ
北欧家具が配された空間で栄養満点のメニューをいただける

STAY
敷地内にはサウナ小屋を併設した、古民家をリノベーションしたホテルもある。

白のMINKA
昔ながらの小さな民家を利用し、新たなデザインを取り入れた宿。約1万7600円〜

ドロフィーズキャンパスのガーデンヒルは絶好のフォトスポットです！（静岡県・ジョイ）

浜松・那須・八ヶ岳

自然いっぱいの北欧ビレッジへ

那須のリトルフィンランド
栃木県那須町
フィンランドの森

アクセス
JR東京駅から東北・北海道新幹線で約1時間10分、JR那須塩原駅から関東バスで30分、バス停上新屋下車、徒歩すぐ
那須ICから約12分

自然と共存するフィンランドの文化を伝える、ミニテーマパーク。ベーカリーにカフェ、雑貨などの店舗が並ぶ。森の中にはサンタクロース村もあり、サンタのヘルパーである、妖精のトントゥが潜んでいる。

🏠 栃木県那須郡那須町高久乙2730-7 ☎0287-78-0981 ⏰8:00〜20:00 ※店舗により異なる

自然豊かな場所に位置する

SHOP マリメッコやムーミンなどの人気のフィンランドグッズをゲットできる！

白樺のコブを使って手作りされた伝統木工のククサ9900円〜

北欧雑貨
食品や伝統工芸品、ムーミングッズなどの商品が並ぶ

CAFE 4つのレストランやカフェが揃う。北欧のメニューを提供する妖精カフェがおすすめ。

妖精カフェ
フィンランドの家庭料理を提供するカフェ。マリメッコやムーミンの食器を使用している。栄養満点のメニューをいただける

家庭料理を盛り合わせた人気のメニュー、スオミプレート1650円

プチinfo
クリスマスのシーズンになると、フィンランドのサンタクロース村があるロヴァニエミからサンタクロースがやってくる。

個人店が点在
長野県〜山梨県
八ヶ岳

アクセス
高井戸ICから中央自動車道で小淵沢ICまで2時間〜2時間30分

自然の豊かさとスローなライフスタイルが共通点の八ヶ岳。北欧がコンセプトのお店をハシゴして、北欧気分を味わおう！ おすすめの3店舗はこちら。

プチinfo
ショップのほか、ペンションやフィンランドの街を参考にした別荘など、北欧関連の施設や店舗が多い。

SHOP

ビンテージ北欧家具店
SKOGEN スコーゲン

長く使えるように必要最低限のリペアを施した、1950年代のビンテージを揃える。アイテムの多くがスウェーデンのもの。

1. 北欧の家に足を踏み入れたように、品よく家具が並ぶ 2. 季節ごとに移ろう景色が美しいエントランス。来店前は予約を

🏠 山梨県北杜市大泉町合戸5868-16 ☎0551-38-4081 ⏰11:00〜17:00（予約制）休火〜木、1〜3月 🚗小淵沢ICから車で15分

RESTAURANT 本場の北欧料理を提供
北欧料理ガムラスタン

本格的なスウェーデン料理を堪能できると評判のレストラン。ノルウェー産シーフードなどを使ったコース料理がお手頃価格でいただける。

1. 駐車場から庭を歩いた先に店舗がある 2. 木のぬくもりあふれる店内 3. 前菜、メイン、自家製パン、デザート付きのランチコースは1850円〜

🏠 長野県茅野市北山芹ケ沢4947-1 ☎0266-77-3466 ⏰11:30〜14:15/17:30〜20:00 休水 🚗小淵沢ICから車で30分

北欧雑貨&洋服のセレクトショップ
NATUR ナチュール

質がよくシンプルで、長く愛用できることがコンセプト。マリメッコなどの有名ブランドや手工芸品の商品を扱う。

1. スウェーデンの木製品は人気のアイテム。3960円〜 2. カラフルなクリッパンの紙ナプキン800円〜

🏠 山梨県北杜市小淵沢町129-1 リゾナーレ八ヶ岳内 ☎0551-36-3714 ⏰10:00〜18:00（時期により変動あり）休無休 🚗小淵沢ICから車で15分

NATURでは、日本であまり知られていない北欧ブランドのアイテムも販売している。

113

北欧カルチャーを深掘り！おすすめ映画&本をPick Up

- Movie
- Book

ほっこり系からちょっぴりダークな一面をのぞける作品まで
北欧文化に触れられる名作を各国の大使館員とaruco編集部がセレクト！

DENMARK

Recommended by aruco 編集部

『ダンサー・イン・ザ・ダーク』
"Dancer in the Dark"

2000年　ドラマ

Story
女手ひとつで息子を育てる主人公セルマは目の病気を患い、失明する運命にあった。同じ病気の息子に手術を受けさせたいと懸命に働くが、手術代を盗まれ運命が大きく変わる。

映画『ダンサー・イン・ザ・ダーク4Kデジタルリマスター版』
2021年12月10日（金）より新宿ピカデリーほか全国順次公開
監督：ラース・フォン・トリアー
主演：ビョーク
2000年／デンマーク／英語・チェコ語／カラー／スコープ／
140分／ドルビーデジタル
原題：Dancer in the Dark　日本語字幕：石田泰子　配給：松竹
©ZENTROPA ENTERTAINMENTS4, TRUST FILM SVENSKA, LIBERATOR PRODUCTIONS, PAIN UNLIMITED, FRANCE 3 CINÉMA & ARTE FRANCE CINÉMA

ここがおすすめ！
観ると鬱になるといわれるほどダークな物語。物語の暗さと相反するビョーク演じるセルマの妄想を表した、明るいミュージカルにより切なさが増します。衝撃的なラストは、20年経っても心に刻まれています！

『完訳　アンデルセン童話集　1〜7』

1984年　童話

Story
デンマークを代表する著名人、ハンス・クリスチャン・アンデルセンの童話集。「人魚姫」や「親指姫」など幼い頃に誰もが一度は読んだことのある有名な物語が入る。全7冊。

ハンス・クリスチャン・アンデルセン 著／大畑末吉 訳
岩波文庫　924円

ここがおすすめ！
一般的によく知られているものから、日本では知名度の低い童話まで満載。幼い頃に読んだ物語とは違う結末に衝撃を受ける作品もあって、大人になって読み返すのもなかなかおもしろいです！

SWEDEN

Recommended by スウェーデン大使館 広報文化担当官 アダム・ベイェ Adam Beije さん

『スウェーディッシュ・ラブ・ストーリー』
"En kärlekshistoria"

1970年　ラブストーリー

Story
北欧映画の巨匠、ロイ・アンダーソン監督のデビュー作。ストックホルム郊外にある療養所を訪れた15歳の少年ペールが、美しい少女アニカと出会う。初々しい姿を描いた純愛映画。

ここがおすすめ！
スウェーデンの恋愛映画といえばこちら。60年代のスウェーデン社会を描いていますが、恋愛について現代と共感できる部分が多く、色褪せない作品です。フィーカやザリガニパーティーなど文化を感じられるシーンも多いです。

『MORSE—モールス— 上下』
"Låt den rätte komma in"

2004年　ホラー

Story
同級生からいじめられ友達もいない孤独な少年、オスカル。ある日、隣に越してきた少女エリと親しくなる。だが、彼女にはある秘密があり、恐るべき事件が次々と起こり始める。

ヨン・アイヴィデ・リンドクヴィスト 著／富永和子 訳
ハヤカワ文庫NV　858円

ここがおすすめ！
北欧のホラー界を代表する、ヨン・アイヴィデ・リンドクヴィストによる作品。話が進むにつれて、安定した日常が徐々に崩れていく恐怖を感じさせます。切なさもあり、スウェーデンの暗さも表現されています。

『ホモ・サピエンスの涙』
"Om det oändliga"

2019年　ドラマ

DVD 4180円／
Blu-ray 5280円
発売元：スタイルジャム
販売元：TCエンタテインメント
©Studio 24

ここがおすすめ！
ユーモアのセンスや撮影方法が独特なロイ・アンダーソン監督らしい映画。見れば見るほどこの作品のおもしろさにハマります。CGをほとんど使わずにセットを組んだスタジオで撮影しており、映像の美しさも見所です！

Story
全33シーンをすべてワンシーンワンカットで撮影。牧師、カップル、ティーンエイジャーなどさまざまな人間が登場し、悲しみと喜びを繰り返す人生を描いた、ロイ・アンダーソン監督の傑作。

『サリー・ジョーンズの伝説』
"Legenden om Sally Jones"

2009年　童話

Story
主人公は、アフリカの熱帯雨林で生まれたジャングルのサリー。ある日ジャングルで群れを襲った密猟者に捕まってしまい、数奇な運命をたどることに。大人も一緒に楽しめる絵本。

ヤコブ・ヴェゲリウス 著／オスターグレン晴子 訳
福音館書店　2530円

ここがおすすめ！
友情や愛情などを描いた名シーンがたくさん含まれていて、私のお気に入りの作品のひとつです。イラストのタッチが独特で絵を見ているだけでも楽しめます！登場するキャラクターがとにかく多く、名前や職業もユニークです。

ほっこりとしたイメージの強い北欧ですが、実は映画はミステリーやホラーが多いです！（埼玉県・映画ラバー）

NORWAY

Recommended by
ノルウェー大使
インガ M. W. ニーハマル Inga M. W. NYHAMAR さん

『キッチン・ストーリー』
"Salmer fra kjøkkenet"

2003年 ドラマ、コメディ

Story
ノルウェーの田舎に住む老人の元に、「独身男性の台所での行動パターン」を調査したスウェーデンの調査員がやってくる。2人の男の交流を描いたドラマ。

ここがおすすめ！
田舎の孤独な老人の性格を研究し、抑圧的な社会規範、不本意な友情、科学的姿勢の欠如といった困難を温かく描いたコメディ作品。ノルウェー社会だけでなく、お隣スウェーデンとの関係についても語られています。

『イエスタデイ』
"Beatles"

2014年 ドラマ

Story
イギリス出身のロックバンド、ビートルズが世界中で大流行した1960年代半ば。ビートルズに憧れ、オスロでバンドを結成した高校生の少年4人組が繰り広げる、恋と成長の青春映画。

ここがおすすめ！
原作はノルウェーの作家、L・ソービエ・クリステンセンの人気小説。学生時代の恋愛や友情など誰もが一度は経験したことのある甘酸っぱい青春時代を描いています。レトロなノルウェーの雰囲気も感じられる作品です。

『蜜蜂』
"Bienes historie"

2015年 ミステリー

Story
1852年のイギリス、2007年のアメリカ、2098年の中国を舞台に、蜜蜂に関わって生きる3つの家族のストーリーが描かれている。33ヵ国で刊行された世界的ベストセラー。

ここがおすすめ！
作者は、地球の過去・現在・未来を描くことで、現代の自然環境への警鐘を鳴らしています。蜜蜂だけでなく、現在のノルウェーにおける重要課題である家族関係や人々の脆弱性についても問う作品です。

マヤ・ルンデ 著／池田真紀子 訳
NHK出版 2200円

『薪を焚く』
"Hel Ved"

2011年 ノンフィクション

Story
寒さの厳しいノルウェーでは欠かせない薪焚き。実践的な知恵や技だけでなく、自然との関わり、道具の歴史、薪愛好者たちの取材などを綴った薪ノンフィクション。

ここがおすすめ！
ノルウェーのノンフィクション史上最大ベストセラーのひとつ。あらゆる薪のことについてわかりやすく解説しつつ、哲学や心を動かす魅力が満載です。シンプルで自然なものをゆっくり味わっていきたいという今の時代の流れにぴったりな一冊です。

ラーシュ・ミッティング 著／朝田千恵 訳
晶文社 3630円

おすすめ映画＆本

FINLAND

Recommended by
フィンランド大使館 広報部
 秋山悦子さん 田中花歩さん 堀内都喜子さん

『TOVE／トーベ』 "TOVE"

2020年 伝記ドラマ

Story
世界中で愛されているムーミンの作者、トーベ・ヤンソンの半生を描いた映画。ムーミン誕生の秘話や、家族との軋轢や恋愛など波乱万丈な人生を映像化。

ここがおすすめ！
常識にとらわれず創作へ情熱を注ぐトーベの姿に勇気づけられ、新たな挑戦をしたくなる作品です。仕事、恋人、家族、友人……それぞれの展開に胸が躍ります。登場する街並み、音楽、ファッションも見どころです！

2021年10月1日公開
© 2020 Helsinki-filmi, all rights reserved

『ラスト・ディール 美術商と名前を失くした肖像』
"Tumma Kristus"

2018年 ドラマ

Story
老美術商が経営が苦しくなり店を畳もうと考え始めたある日、オークションで作者不明の絵画に出会う。価値ある作品と確信した主人公は人生最後の大勝負に挑む。

ここがおすすめ！
秋のヘルシンキへと時空を超えて連れて行ってくれます。老美術商と音信不通だった孫が再会し、運命の絵画とともに距離を縮めていく過程に心が温まります。フィンランド最古のカフェ「エクベリ」も登場しますよ。

DVD 4180円
販売元：アルバトロス

『清少納言を求めて、フィンランドから京都へ』
"Asioita jotka saavat sydämen lyömään nopeammin"

2013年 エッセイ

Story
仕事や人生にうんざりしたアラフォーのフィンランド人が、長い休みを取って日本に旅に出る。平安朝に生きた憧れの女性セイを追いかけて、京都、ロンドン、プーケットを巡る物語。

ここがおすすめ！
平凡な日々に飽きた作者が思い切って京都へ。平安時代の清少納言と現代の作者の暮らしが思いが交錯し、時代も国境も超えて共通点が多いのが興味深いです。同性として作者の正直な心情にも共感できます。

ミア・カンキマキ 著／末延弘子 訳
草思社 2200円

『Cup Of Therapy いっしょに越えよう』
"Cup Of Therapy"

2020年 絵本

Story
フィンランドの人気イラストレーターのマッティ・ピックヤムサと心理療法士による絵本。「疲れた心にカップ一杯の癒やしを」をテーマに、イラストと言葉で心を癒やしてくれる。

ここがおすすめ！
コロナ禍で人間関係が希薄になりがちな今、「人のぬくもり」を感じさせてくれる一冊。ほっこりするイラストを眺めながら文章を読むと「自分はこのままでいいんだ」と前向きな気分になれます。

マッティ・ピックヤムサ、アンッティ・エルヴァスティ 著／西本かおる 訳
小学館 1320円

MORSE—モールス—は、ハリウッドでリメイクされた映画もある。 115

もっと北欧を楽しむお役立ち情報

東京で開催されるイベントからおうち時間で学べる北欧情報や語学、旅気分に浸れるYouTubeチャンネルまで、北欧が恋しい人のためのお役立ちインフォを一挙紹介！ 再び北欧へ行く際の情報も合わせてチェック。

Information 01　東京で体験できる北欧関連イベント

北欧ウォーク
URL hokuo-walk.com

北欧系ショップやカフェが集まる吉祥寺で約1ヵ月にわたり、アート展やワークショップなどのイベントを各所で行う。FIKAがテーマのカフェめぐりイベントも。

北欧屋台
URL hokuohyatai.com

北欧ブランドやショップが一堂に会する北欧マーケット。年数回、首都圏や全国主要都市で開催。テキスタイルから木製品、ビンテージなど幅広いラインアップ。

青空の北欧市場 TACHIKAWA LOPPIS
URL tachikawaloppis.com

立川GREEN SPRINGSで開催の北欧イベント。北欧雑貨などが集う北欧マルシェのほか、トークショー、モルック体験なども盛りだくさん。

北欧大好きマーケット
URL lifeandbooks.thebase.in

全国の北欧ビンテージショップが集まる。2021年は吉祥寺PARCOで74日間にわたって開催。主催はLIFE AND BOOKS。

LIFE AND BOOKS
Map P.120-A2
●千代田区一番町9-5 千代田ホーム101 ☎03-6804-5911 ⏰12:00～19:00【事前予約制】休土・祝

Information 02　言語を学んでみる？

ノルウェー夢ネット
URL www.norway-yumenet.com

ノルウェー情報を発信するコミュニティサイト。代表の青木順子さんが講師のノルウェー語の会話レッスンを主催。

東京スウェーデン語学校
Skolan för svenska språket i Tokyo
URL ssst2016.com

少人数のスウェーデン語レッスンを開催。グループ、通信教育、プライベートの3つの授業形態がある。

東海大学 生涯学習講座
URL ext.tokai.ac.jp/course/list

東海大学によるオンライン会話教室。デンマーク、ノルウェー、スウェーデン、フィンランドの北欧4ヵ国の言語が学べる。

マトカトリ
URL www.matkatori.jp/event-seminar/finnish-lesson

フィンランド情報を発信するマトカトリ主催のフィンランド語講座。単発と全6回のクラスがある。

Information 03　サンタさんから手紙が届く!?

フィンランドに住むサンタさんからの手紙が受け取れるオンラインサービス。申し込みをするとその年のクリスマスシーズンに手紙が届く。

サンタメール
URL www.jf-santa.org

サンタメールはクリスマスの1ヵ月前までに申し込みが必要です。手紙に同封されている返信はがきを投函すると、翌年の夏にサンタさんからのサマーカードが届きます！（千葉県・ヤッシー）

Information 04　北欧文化を知りたいなら

LifTe 北欧の暮らし
URL lifte.jp

情報雑誌も発行してます

デンマーク、ノルウェー、スウェーデン、フィンランド、アイスランドの北欧5ヵ国の情報を発信する情報サイト。日本国内のイベントから映画、カルチャー、トラベル、ショッピングまであらゆる情報がチェックできる。

スウェーデンデジ村
URL swedendigitalvillage.jp

スウェーデン大使館が手がけるバーチャルサイト。スウェーデンの社会から文化、デザイン、旅行情報などを案内。フードカテゴリーにはスウェーデン料理のレシピも。

Information 05　北欧暮らし気分に浸れるYouTubeチャンネル

▶ Lilladag 北欧暮らしと音楽

世界で活躍する作曲家・林イグネル小百合さんのストックホルム暮らしのビデオログ。スウェーデン人の夫と娘さん、3人での暮らしにほっこり。

暮らすように旅するヒント

▶ 北欧フィンランド暮らし Moi Finland

ホストは、ヘルシンキ中心部の島に住むライター兼コーディネーターのラサネン優子さん。ヘルシンキの街歩きや自然など、癒やしの風景を美しい映像で配信中。

▶ Nord Labo -北欧研究室-

スウェーデン在住のヨウコさんとマホさんによる北欧ホンネトーク。北欧のライフスタイルから社会情勢までひとつのテーマをふたりの軽快なトークにのせて深掘りする。

▶ 猫と北欧暮らし／めがね君と北欧

スウェーデン在住、Tanukoさんとめがね君夫婦それぞれのチャンネル。日々の暮らしの様子や旅行などの映像を素敵な音楽にのせて配信している。

Information 06 フィンランド音楽をチェック!

民族音楽に影響を受けたフィンランドの音楽シーン。音楽カフェ、Juhla Tokyoの店主でありユフラジオDJの小川さんがおすすめCDベスト5を紹介。

Juhla TOKYO URL juhla.la

店内にはフィンランド音楽のCDがぎっしり。すべて購入、視聴可能で、1枚2500円。週複数回Podcastで配信中のユフラジオでは、週1回フィンランド音楽をテーマとしたトークを展開。
DATAは→ P.96

フィンランド音楽とは?

メタル音楽が有名で、Nightwishなどいくつもの世界的バンドを輩出している。またコンテンポラリーやクラブジャズも根強く人気がある。フォーク音楽のジャンルでは、ヨイクという北方民族サーメの音楽が特徴的だ。

『Odda Aigodat: New Times』
SOLJU

フィンランドの先住民族、サーミに伝わる伝統歌謡「ヨイク」のアルバム。母娘ふたりのユニットで、サーミの歴史や自然を切なく歌い上げている。

『FINNISH SONG BOOK』
Taipele / Hirvonen / Lehtonen

ヘルシンキの老舗ジャズクラブで演奏する3人のオリジナルアルバム。フィンランドの人気音楽をピアノジャズトリオで演奏する。BGMにも最適。

『Jukka Eskola Soul trio』

フィンランド最高峰のジャズバンド、元Five corners quintetのトランペッター、ユッカ・エスコラの新バンド。フィンランドジャズを感じる。

『Juhla tokyo -selection no.1-』

Juhla Tokyoオリジナルのセレクトアルバム。ソリッドからエレクトリックジャズ、ファンクまで収録し、今のフィンランドミュージックシーンがわかる。

『TWINED』
J-P PIIRAINEN

フィンランド人の新鋭ギタリスト、ピーライネンによるギターソロアルバム。北欧の伝統音楽を取り入れた楽曲はヒーリングミュージックのよう。

Information 07 北欧旅行の前に知りたい現地情報

海外旅行に行けるようになったら、真っ先に北欧へ行きたい! 今から旅行準備を始めましょう。

各国大使館で最新情報を知る

デンマーク王国大使館
URL japan.um.dk/ja
Twitter @DanishEmbTokyo
Facebook @EmbassyDenmark
Instagram @denmarkinjapan

スウェーデン大使館
URL www.swedenabroad.se/ja/embassies/japan-tokyo
Twitter @EmbSweTokyo
Facebook @letsgosweden

ノルウェー大使館
URL www.norway.no/ja/japan
Twitter @NorwayinJapan
Facebook @norembtokyo
Instagram @norwayinjapan

フィンランド大使館
URL finlandabroad.fi/web/jpn/ja-frontpage
Twitter @FinEmbTokyo
Facebook @FinnishEmbassyTokyo

フィンランド政府観光局
URL www.visitfinland.com
Twitter @visitfinlandjp
Facebook @visitfinland.jp
Instagram @visitfinlandjapan

スウェーデンの首都、ストックホルム

旅行会社で旅行情報をCheck!

カラフルなコペンハーゲンのニューハウン

フィンツアー URL www.nordic.co.jp
フィンランドをメインに、北欧各国やバルト三国のオリジナルツアーを催行。オンラインツアーのほか日本国内の北欧スポットを回るツアーもある。

北欧トラベル URL www.tumlare.co.jp
北欧旅行のスペシャリスト。現地に自社オフィスがあり、きめ細かな対応が自慢。北欧現地ブログで最新の旅行情報を発信している。

北欧旅行 Q&A

北極圏のラップランドで見られる

Q1 オーロラってどこで見られるの?
A フィンランド、スウェーデン、ノルウェーの北部、北緯66度33分以北の北極圏で見られます。3ヵ国にはそれぞれオーロラリゾートと呼ばれる観測地があります。

Q2 白夜&極夜って何?
A 白夜は、日が沈まない時期のこと。7月が最も日照時間が長く、都市部でも24:00くらいまで明るいです。逆に冬は極夜という、日が昇らないまたは極端に日が短い時期が続きます。

Q3 直行便はある?
A コペンハーゲン(SAS)、ストックホルム(ANA)、ヘルシンキ(JAL、フィンエアー)に直行便があります。2021年9月現在、運休やスケジュール変更中なので、最新情報は各航空会社に確認を。

Q4 通貨は4ヵ国とも同じ?
A デンマーク、ノルウェー、スウェーデンは各国のクローネ、フィンランドはユーロと、4ヵ国とも違います。ただし、現地は完全な電子マネー社会。現金での支払いができないことも。クレジットカードは必ず持って行きましょう。

Q5 ベストシーズンはいつ?
A 日が長く、天候が安定する夏がベストです。ただし7月はバカンスシーズンでお店がお休みになるところも多いので注意しましょう。オーロラは9〜10月の秋と、12〜3月の冬がシーズンです。

ノルウェーのフィヨルド観光は夏がベスト

Q6 やっぱり寒いの?
A はい。冬は都市部でも氷点下まで下がります。ただ、夏は30℃を超える日もありますが、湿気がないのでからりとして過ごしやすいです。

もっと北欧を楽しむお役立ち情報

北欧4ヵ国は、話題のSDGsの先進国。2021年にはSDGs達成目標の上位3ヵ国をフィンランド、スウェーデン、デンマークが占めた。ノルウェーも7位。

117

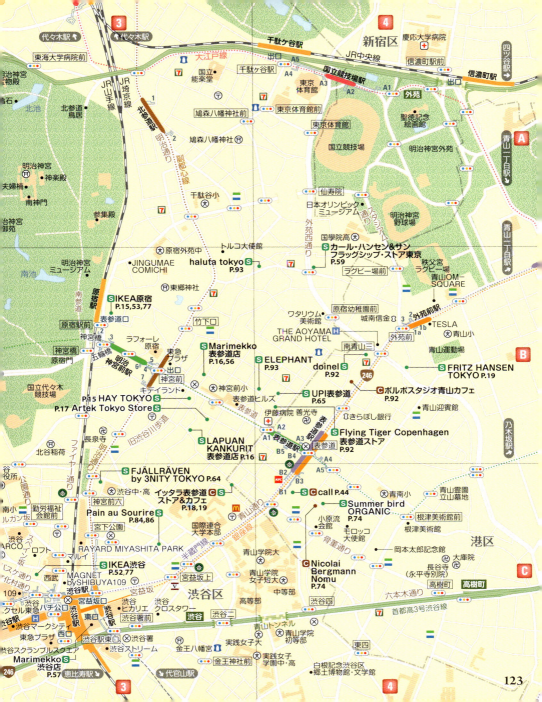

index ►: プチぼうけんプランで紹介した物件

🔍 見る・遊ぶ 📷

	名称	エリア	ページ	MAP
ア	Atelier Pelto	相模大野	38	118-C2
カ	kielotie	荻窪	41	125-A4
►	KOIVE CAFE	銀座	41	121-B3
サ	サウナラボ神田	神田	28	121-A3
►	Spa LaQua	後楽園	29	120-A2
►	ソロサウナ tune	神楽坂	29	120-A2
タ	トーベ・ヤンソン あけぼの子どもの森公園	飯能	104	122-B2
	ドロフィーズキャンパス	浜松	112	—
ナ	日本福音ルーテル スオミ・キリスト教会	早稲田	40・41	120-A2
	ノーラ名栗	飯能	107	122-A1
ハ	フィンランドの森	那須	113	—
►	ふなばしアンデルセン公園	船橋	32・70	122-C1
►	北欧手しごと教室	代官山	40	120-C1
マ	ムーミンバレーパーク・メッツァビレッジ	飯能	20・105	122-A1
	武蔵野市立ひと・まち・情報 創造館 武蔵野プレイス	武蔵境	36	124-A1
ラ	レゴランド® ディスカバリー・センター東京	お台場	31	121-C3

🍴 食べる 🍴

	名称	エリア	ページ	MAP
ア	ALLT GOTT	吉祥寺	70・73	124-A2
	VANER	日暮里	85・86	124-B1
	SNS CAFÉ TOKYO	代官山	80・87	120-C1
	Organic Garden North	国立	100	118-C1
	OMNIPOLLOS TOKYO	日本橋	79	121-B3
	ØL Tokyo	渋谷	78	122-C2
カ	cafe TIVOLI	方南町	82	119-B3
	カフェ日月堂	日高	107	122-A1
	café Puisto	飯能	105	122-B2
	カフェ・フェルマータ	武蔵境	37	124-A1
	カヤバ珈琲	谷中	70	124-B1
	KIELO COFFEE	秋葉原	83	121-A3
	kielotie	荻窪	83・87	125-A4
	KOIVE CAFE	銀座	75	121-B3
サ	スウェーデン洋菓子&スウェーデン語絵本 Lilla Katten	逗子	87・111	125-B4
タ	つむぐカフェ	千駄木	97	124-B1
	torpet	小平	84	118-B2
ナ	Nicolai Bergmann Nomu	青山	74	123-C4
ハ	Pain au Sourire	渋谷	84・86	123-C3
	Factory & Labo 神乃珈琲	目黒	94	120-C1
	FIKAFABRIKEN	豪徳寺	82・87	119-B3
►	puukuu食堂	馬喰町	44	121-A3
	FUGLEN TOKYO	奥渋谷	81	122-B2
	北欧料理ガムラスタン	茅野	113	—
	ボルボスタジオ青山カフェ	青山	92	123-B4
マ	Mikkeller Tokyo	渋谷	79	122-C2
	ムーミンカフェ 東京スカイツリータウン・ソラマチ店	押上	89	121-A4
	ムーミンスタンド 浅草店	浅草	89	121-A4
	ムーミンスタンド コピス吉祥寺店	吉祥寺	89	124-A2
	ムーミンスタンド サンシャインシティ店	池袋	89	119-B3
	ムーミンベーカリー&カフェ 東京ドームシティ ラクーア店	後楽園	86・88	120-A2
	Melting Pot	鎌倉	109	125-B4
	桃と蓮	谷中	70・97	124-B1
ヤ	Juhla Tokyo	千駄木	87・96・117	119-B4
ラ	ライ麦ハウスベーカリー	鎌倉	85・86・108	124-B2
	レストラン ストックホルム	赤坂	70・72	120-B2
	ロバーツコーヒー 麻布十番店	麻布	81・87	120-B2
	ロバーツコーヒー 千歳烏山店	千歳烏山	81・87	119-B3

🛍 買う

	名称	エリア	ページ	MAP
ア	アクアビットジャパン	オンライン	67	—
	Astialiisa	オンライン	67	—
	Attachement	三鷹	68	124-A1
►	Artek Tokyo Store	原宿	17	123-B3
	andfika	目黒	60・94	120-C1
	IKEA渋谷	渋谷	52・77	123-C3
	IKEA新宿	新宿	51・77	120-A1
►	IKEA原宿	原宿	15・53・77	123-B3
►	イッタラ表参道 ストア&カフェ	原宿	18・19	123-C3
	ELEPHANT	裏原宿	93	123-B4
	OH!!! 〜発酵、健康、食の魔法!!!〜	飯能	107	122-B1
カ	カール・ハンセン&サン フラッグシップ・ストア東京	青山	59	123-B4
	Kauniste	オンライン	67	—
	かんだデザート	神田	90	121-A3

名称	エリア	ページ	MAP
黄色い烏器店	国立	101	118-C1
Gallery fève	吉祥寺	98	124-A2
ギャラリー北欧器	馬喰町	48	121-A3
kirpputori	五反田	47	120-C2
krone-hus	鎌倉	109	124-B2
▶ call	青山	44	123-C4
コスタ ボダ オンラインストア	オンライン	67	——
こまものと北欧家具の店 Salut	目黒	95	119-C3
サ Shop Sticka	田園調布	46	119-C3
SWEDEN GRACE	谷中	96	124-B1
SKOGEN	北杜	113	——
世界のかご カゴアミドリ	国立	101	118-C1
SEMPRE HOME	目黒	61	120-C1
タ Dawner	西荻窪	49	125-A3
Dans Dix ans	吉祥寺	98	124-A2
chuffy	経堂	47	119-B3
Tsubame Märkt	吉祥寺	98	124-A2
doinel	青山	92	123-B4
TONKACHI, 6	代官山	54・70	120-C1
ナ NATUR	北杜	113	——
NORR LAND	蔵前	48	121-A3
ノルディス	オンライン	67	——
NORDISK CAMP SUPPLY STORE BY ROOT	千歳船橋	64	119-B3
ハ HIKE	目黒	49	120-C1
haluta tokyo	裏原宿	93	123-B4
pieni-krone	鎌倉	109	124-B2
ひるねこBOOKS	谷中	97	124-B1
Found & Made	国立	101	118-C1
Fika	新宿	90	120-A1
Finlayson	オンライン	67	——
FJÄLLRÄVEN by 3NITY TOKYO	渋谷	64	123-C3
フジカワエハガキ	国立	101	118-C1
Fusion Interiors	目黒	95	120-C1
Flying Tiger Copenhagen 表参道ストア	裏原宿	92	123-B4
Please	三鷹	99	124-A2
free design	吉祥寺	99	124-A2
▶ FRITZ HANSEN TOKYO	青山	19	123-B4
古道具 LET'EM IN	国立	101	118-C1
FULLMARKS 代官山店	代官山	65	120-C1
HAY TOKYO	原宿	15	123-B3
北欧家具Talo	伊勢原	111	125-B3
マ ma ka	三鷹	99	124-A1
Marimekko 池袋店	池袋	56	119-B3
Marimekko 伊勢丹新宿店	新宿	56	120-A1
▶ Marimekko 表参道店	表参道	16・56	123-B3
Marimekko 吉祥寺店	吉祥寺	57	124-A2
Marimekko 渋谷店	渋谷	57	123-C3
Marimekko 立川店	立川	57	118-B2
Marimekko 玉川高島屋S・C店	二子玉川	56	119-C3
Marimekko 日本橋店	日本橋	57	121-B3
Marimekko 松屋銀座店	銀座	57	121-B3
Marimekko 丸の内店	丸の内	56	121-A3
Mies	西荻窪	99	125-A3
▶ minä perhonen elävä Ⅱ	馬喰町	43	121-A3
▶ minä perhonen elävä Ⅰ	馬喰町	44	121-A3
▶ minä perhonen Daikanyama	代官山	44	120-C1
MOOMIN SHOP 二子玉川店	二子玉川	58	119-C3
MOOMIN SHOP MINI 東京駅店	東京	58	121-B3
MOOMIN SHOP ルミネ北千住店	北千住	58	119-B4
ヤ UPI表参道	表参道	65	123-B4
ラ LIFE AND BOOKS	半蔵門	116	120-A2
▶ LAPUAN KANKURIT 表参道店	原宿	16	123-B3
Labdien	五反田	69	120-C1
LAMMAS 三軒茶屋本店	三軒茶屋	70	120-C1
LITEN BUTIKEN	赤堤	69	119-B3
リガコレクション	自由が丘	68	119-C3
Lewis	目黒	94	120-C1
ルイスポールセン 東京ショールーム	六本木	59	120-B2
▶ レゴ®ストア 横浜ランドマークプラザ店	横浜	30	125-B4
ロイヤルコペンハーゲン 本店	有楽町	59	121-B3
ワ WILD ROSE Kunitachi	国立	100	118-C1

泊まる

名称	エリア	ページ	MAP
ア 大磯プリンスホテル／THERMAL SPA S.WAVE	大磯	110	125-B3
ハ ビオリゾート ホテル&スパ オーパークおごせ	越生	106	122-A1
マ マロウドイン飯能	飯能	106	122-B2

127

STAFF

Producer
由良暁世、梅崎愛莉

Editor & Writer
有限会社グループ ピコ（田中健作、染矢優香）、土井明日菜、内山さつき

Photographers
有限会社グループ ピコ（武居台三、田中健作）、内山さつき、©iStock、PIXTA

Designers
上原由莉、竹口由希子、丸山雄一郎

Illustration
赤江橋洋子、TAMMY、みよこみよこ

Maps
株式会社アトリエ・プラン

Illustration map
みよこみよこ

Proofreading
株式会社東京出版サービスセンター（青谷匡美）

Special Thanks to
フィンランド大使館、スウェーデン大使館、ノルウェー王国大使館、デンマーク王国大使館、東京メトロ、東京都交通局、JR東日本、各関係施設

この地図の制作にあたっては、インクリメント・ピー株式会社の地図データベースを使用しました。
©2020 INCREMENT P CORPORATION & CHIRI GEOGRAPHIC INFORMATION SERVICE CO., LTD.

地球の歩き方 aruco　東京で楽しむ北欧
2021年11月16日　初版第1刷発行

著作編集	地球の歩き方編集室
発行人・編集人	新井邦弘
発行所	株式会社地球の歩き方 〒141-8425　東京都品川区西五反田2-11-8
発売元	株式会社学研プラス 〒141-8415　東京都品川区西五反田2-11-8
印刷製本	株式会社ダイヤモンド・グラフィック社

※本書は2021年5～9月の取材に基づいていますが、営業時間と定休日は通常時のデータです。新型コロナウイルス感染症対策の影響で、大きく変わる可能性もありますので、最新情報は各施設のウェブサイトやSNS等でご確認ください。また特記がない限り、掲載料金は消費税込みの総額表示です。

更新・訂正情報：https://book.arukikata.co.jp/support/

✉ **本書の内容について、ご意見・ご感想はこちらまで**
〒141-8425　東京都品川区西五反田2-11-8
株式会社地球の歩き方
地球の歩き方サービスデスク「aruco 東京で楽しむ北欧」投稿係
URL https://www.arukikata.co.jp/guidebook/toukou.html
地球の歩き方ホームページ（海外・国内旅行の総合情報）
URL https://www.arukikata.co.jp/
ガイドブック『地球の歩き方』公式サイト
URL https://www.arukikata.co.jp/guidebook/

📧 **この本に関する各種お問い合わせ先**
・本の内容については、下記サイトのお問い合わせフォームよりお願いします。
　URL https://www.arukikata.co.jp/guidebook/toukou.html
・広告については　Tel ▶ 03-6431-1008（広告部）
・在庫については　Tel ▶ 03-6431-1250（販売部）
・不良品（乱丁、落丁）については　Tel ▶ 0570-000577
　学研業務センター　〒354-0045　埼玉県入間郡三芳町上富279-1
・上記以外のお問い合わせは　Tel ▶ 0570-056-710（学研グループ総合案内）

Line up! arucoシリーズ

国内
- 東京
- 東京で楽しむフランス
- 東京で楽しむ韓国
- 東京で楽しむ台湾
- 東京の手みやげ
- 東京おやつさんぽ
- 東京のパン屋さん
- 東京で楽しむ北欧

海外

ヨーロッパ
- ① パリ
- ⑥ ロンドン
- ⑮ チェコ
- ⑯ ベルギー
- ⑰ ウィーン／ブダペスト
- ⑱ イタリア
- ⑳ クロアチア／スロヴェニア
- ㉑ スペイン
- ㉖ フィンランド／エストニア
- ㉗ ドイツ
- ㉜ オランダ
- ㉟ フランス
- ㊲ ポルトガル

アジア
- ② ソウル
- ③ 台北
- ⑤ インド
- ⑦ 香港
- ⑩ ホーチミン／ダナン／ホイアン
- ⑫ バリ島
- ⑬ 上海
- ⑲ スリランカ
- ㉒ シンガポール
- ㉓ バンコク
- ㉗ アンコール・ワット
- ㉙ ハノイ
- ㉚ 台湾
- ㉞ セブ／ボホール／エルニド
- ㊳ ダナン／ホイアン／フエ

アメリカ／オセアニア
- ⑨ ニューヨーク
- ⑪ ホノルル
- ㉔ グアム
- ㉘ オーストラリア
- ㉛ カナダ
- ㉝ サイパン／テニアン／ロタ
- ㊱ ロスアンゼルス

中近東／アフリカ
- ④ トルコ
- ⑧ エジプト
- ⑭ モロッコ

感想教えてくださ～い♪
🎁 **読者プレゼント**
ウェブアンケートにお答えいただいた方のなかから抽選ですてきな賞品をプレゼントいたします！詳しくは下記の二次元コードまたはウェブサイトをチェック☆
応募の締め切り
2022年11月30日

URL https://www.arukikata.co.jp/guidebook/enq/arucotokyo3

© Arukikata. Co., Ltd.
本書の無断転載、複製、複写（コピー）、翻訳を禁じます。
本書を代行業者等の第三者に依頼してスキャンやデジタル化することは、たとえ個人や家庭内の利用であっても、著作権法上、認められておりません。
All rights reserved. No part of this publication may be reproduced or used in any form or by any means, graphic, electronic or mechanical,including photocopying, without written permission of the publisher.
学研の書籍・雑誌についての新刊情報・詳細情報は、下記をご覧ください。
学研出版サイト　URL https://hon.gakken.jp/